Chukyo Gakuin University

地方小規模私立大学の挑戦

地域社会と協働する教育

林 勇人［編著］

Gifu
Prefecture

Nakatsugawa Campus

Mizunami Campus

風間書房

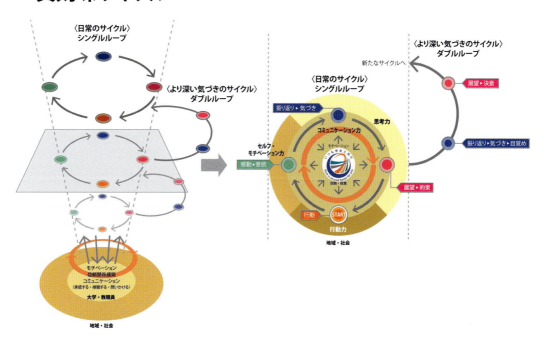

出典:中京学院大学ホームページ「学校法人中京学院の真剣味育成基本サイクル」
https://www.chukyogakuin-u.ac.jp/outline/concept3/index.html (2024年10月23日アクセス)

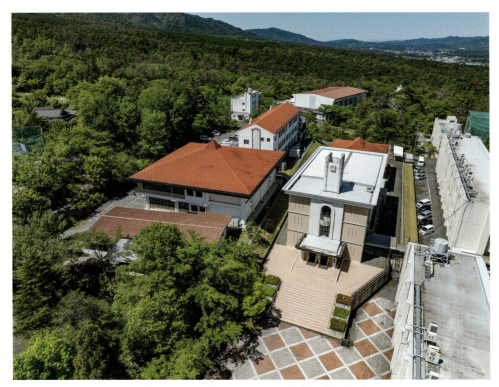

中京学院大学中津川キャンパス(撮影:大塚健司)

プレゼンテーション大会『彩イロドリ』(撮影:祝田学)
出典:中京学院大学(2024)「教学IR室 広報誌 Bloomin' 第6号」

まえがき

『地方小規模私立大学の挑戦―地域社会と協働する教育―』を手に取って下さった読者の皆様、ありがとうございます。本書は私が学長就任（2021年4月）と同時に表明した、教学中期計画「『全学教学マネジメント構築』～変わる勇気と変わらない信念をもって～」の下、「建学の精神を具現化する教育で選ばれる大学」を目指して取り組んできた全学共通の教育基盤の構築及び、本学経営学部が2024年4月から始めた地域社会と協働した新教育プログラム導入の経緯と内容を著したものです。この本を通じて皆様とのご縁をいただけたことに心から感謝申し上げます。

皆さんは「もしも今いるまちの大学がなくなったとしたら？」、「将来、このまちを背負う若者がいなくなってしまったら？」、このような問いをご自身に投げかけたことはありますか。

現在、少子化による18歳人口の減少、地方から大都市圏への人財の流出、価値観の多様化等、社会状況の著しい変化の中、生き残りの狭間に身を置く地方の小規模私立大学は、増加の一途を辿っています。このまま手をこまねいていれば、地域と共生してきた多くの大学が撤退に追い込まれ、「人財の地産地消」の最後の砦である高等教育機関がなくなれば、その流出に拍車がかかり、地方はますます疲弊していくに違いありません。

この問いは、近い将来どの地域でも起こり得る喫緊の問題です。今こそ、大学関係者と地域の人々がサスティナブルな地域の発展を見据えて「将来を担う若者をいかに育てていくのか」を考え、力を合わせて対処しなければならないのではないでしょうか。

創立59年を迎える本学のコンセプトコピーは「いつも学生と共に～Here is second home for you～」です。ここには、創立者安達壽雄先生が語られた「学園に集う私たちは家族であり、学生には我が子同様の愛情を持って教育にあたってほしい」との思いと、先人たちが長年にわたり築いてきた「教職員と学生との距離の近い」学風が示されています。苦境にある今、コンセプトにある先人たちの思いに寄り添いながら邁進することが、本学教職員に求められています。

建学の精神「学術とスポーツの真剣味の殿堂たれ」の下、教職員一丸となり学生と社会の双方に「真剣味」を持って向き合うこの取り組みが、同様の課題を抱える高等教育機関の皆様、地域社会の皆様の一助となれば幸いです。

中京学院大学　学長　林　勇人

企画者からのお礼

　中京学院大学では、地方の小規模私立大学として生き残るために教職員が一丸となり経営学部の教育プログラムの改革に取り組んできました。本書の企画は、地元の企業、行政、高等学校、NPO団体などの方々と協働して学生を育て、地域に貢献する経営学部の新教育プログラムを広く知っていただきたいという『協育』に対する教職員の強い思いと覚悟から生まれました。また本企画を検討し始めた2023年度は経営学部開設から30年を迎えるという節目の年でもあり、その記念事業の一環として企画をスタートさせました。

　本書は本学の「学長裁量経費」の2024年度の企画（経営学部における教育改革実践に関する書籍の出版および普及活動について）として採択されたものであり、この助成を受けて出版したものです。本学学長の林勇人先生には企画の主旨に深くご理解をいただき、編者となっていただきました。また地域の学びを実践されている本学経営学部の先生方には企画者の思いに快くご賛同していただき、執筆にご尽力いただきました。さらに本書の内容は主に経営学部の実践的取り組みであることから、学校法人中京学院理事長の安達幸成先生をはじめ、教職員の皆様のご協力なくして完成させることはできませんでした。この場を借りて厚くお礼申し上げます。

　本書を彩るコラムの作成にご協力いただいた関係者の皆様、並びに特別対談にご参加いただいた岐阜県瑞浪市長の水野光二様、中津川市長の小栗仁志様に感謝申し上げます。そして企画者からの急なお願いにも的確にご対応くださり、本書がより良くなるためのご助言をくださいました株式会社風間書房代表取締役の風間敬子様並びに担当者の斎藤様に感謝の意を表します。

企画者一同
中京学院大学　経営学部
准教授　大須賀元彦（代表企画者）
専任講師　横谷　淳
専任講師　熊本　淳
専任講師　宮嶋恒二

目　次

まえがき
企画者からのお礼
第1章　建学の精神を具現化する教育の実践
　　　　　―地域に必要不可欠な大学を目指して―……………………………………1
第2章　経営学部のカリキュラム改革
　　　　　―地域にイノベーションを起こす人財育成―………………………………20
第3章　未来を拓くドローン教育の実践
　　　　　―大学教育と地域活性化への貢献―…………………………………………36
第4章　初年次基礎教育の改革と実践
　　　　　―プレゼンテーション大会『彩イロドリ』の取り組み―…………………47
Column　プレゼンテーション大会『彩イロドリ』への期待…………………………57
第5章　地域社会の中で学生を育てる「地域課題解決型PBL」の実践………………58
第6章　子どもたちと共に学ぶ教育
　　　　　―アクティブ チャイルド プログラムを活用した教育プログラムの展開―…73
Column　ACP導入による子どもの体力向上と地域連携………………………………83
Column　ACP運動導入の理由と効果、今後の展望について…………………………83
第7章　スポーツを通じた地域貢献
　　　　　―総合型地域スポーツクラブ「中京学院大学クラブ」の取り組み―……84
Column　中京学院大学クラブの地域貢献とスポーツ振興活動………………………95
第8章　大学生が共に学ぶ教育
　　　　　―大学間交流の実践的取り組みとその成果―………………………………96
Column　協定大学間における越境学習交流について…………………………………106
第9章　域学連携の現状と経営学部の人財育成…………………………………………107
第10章　高大連携を通じた人財育成………………………………………………………118
Column　1期生インタビュー………………………………………………………………129
第11章　ボランティア活動による社会教育の実践………………………………………130
Column　域学連携事業での学生ボランティア：公民館のまわりで鳥みっけ………143
第12章　地域づくりにつながる多文化共生推進教育の実践……………………………144
特別対談………………………………………………………………………………………159
あとがき………………………………………………………………………………………167
執筆者紹介……………………………………………………………………………………169

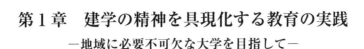

第1章　建学の精神を具現化する教育の実践
―地域に必要不可欠な大学を目指して―

林　勇人

1.1　はじめに

　私学の教育改革を考える時、いうまでもなくその核を成すのは建学の精神です。この理念に軸足を置きながら改革を推進することによって、私立大学の個性や特色が活かされ、唯一無二の教育が確立されるのです。

　この章では私学における建学の精神の意味をはじめ、中京学院大学の建学の精神「学術とスポーツの真剣味の殿堂たれ」を紐解きながら、理念に込められた思いや姿勢を教育に反映させる取り組みの概要について順を追って説明します。2024年4月から経営学部で新たに導入された「Swing（Sports Well-being）プログラム」と「地域イノベーションプログラム」の原点となる理念への理解をぜひ深めていただきたいと思います。

1.1.1　建学の精神「学術とスポーツの真剣味の殿堂たれ」

　1949年に制定された私立学校法の第1条は、「私立学校の特性にかんがみ、この自主性を重んじ、公共性を高めることによって、私立学校の健全な発達を図ること」[1]を目的としています。この特性とは、「私立学校が私人の寄附財産等により設立されたものであることに伴い、その運営を自律的に行うという性格」[2]であり、そこには創立者の実現させたい教育に対する「志」と「情熱」があります。これを表出したものが建学の精神です。建学の精神は私学の特色を示す中心であり、理想の人財育成につながる教育目的、教育目標、教育課程、教育姿勢、教育活動等は、原則としてこれに基づき構築されることが肝要です。この精神を中心に改善を積み重ねていくことで独自の教育が醸成され、その良き理解者、賛同者が集い発展していく姿こそ、本来のあるべき形です。スタンダードな教育ではなく、多様なニーズの特定の部分に応え、公教育の一翼を担うために私立学校は存在しているのです。

　本学は1966年に岐阜県瑞浪市で開学した中京短期大学を始まりとしています。以後、1993年に中津川市で中京学院大学経営学部を、2010年には瑞浪市で看護学部を開設しました。2019年には学校法人安達学園から法人分離し、「学校法人中京学院」として新たなスタートをきり、実に59年を経て現在の姿となっているのです（2025年時点）。

　創立にあたり創立者安達壽雄は、実父梅村清光が名古屋に創設した梅村学園と同様の建学の精神「学術とスポーツの真剣味の殿堂たれ」を掲げました。この建学の精神は、水戸学の「文武両道」の理念を継承するものであり、「弘道館記述義」[3]の「『文武不岐』―『文なき武は愚であり、

武なき文は弱である。従って文武は不岐でなければならない』という思想を原点として、言葉を換えられたもの」[4]としています。また清光はこの理念に基づき、理想の教育や使命を具体的に示す以下の言葉を残しています。

> 生活は現實であって、空想ではなく、眞劔であって、遊戯ではない。本校教育の理想とするところは、この現實的にして、眞劔なる國民を養成するにあり、その使命とするところは、この現實的にして眞劔なる人間を實業界に送るにある。言ひ換へれば、本校は現實に即して、眞劔に戦ふ現代の訓練を以て目的とし、眞に生活を生活する眞人間の輩出を期待する。（中略）劇烈なる生活競争場裏、今我等は眞劔を以て、相對している、我彼を殺さずんば、彼、我を殺すべく、我等は一刻たりとも、弛緩することを許されていない。（中略）一言にしていへば、眞劔味に伴ふ新興精神の訓育、それが本校唯一のものであり、また總てである[5]。

この文中の一節にある「彼」には「自分の内なる弱い心。怠惰な心」と解すことができ、ここに「真剣味」における「真剣さ」の姿勢が顕著に示され「真剣味」のルーツとなっています。分かり易くかみ砕けば、生きていく中で現実を直視しながら、常にベクトルを自己の内面に向け、自分自身と厳しく対峙する姿です。一方で「真剣味」の「味」は「人間味」の「味」であり、純心でまろやかな人間性を表しています。両者を兼ね備えた姿こそ、本学が目指す理想の人財像なのです。このルーツに関する一節は、現在、大学内のさまざまな場所に掲示され、ホームページや紙面等で幅広く周知されています（図1-1参照）。

1.1.2 ミッション・ビジョンに込められた思い

新法人設立（2019年）に伴い、建学の精神「学術とスポーツの真剣味の殿堂たれ」に基づき、ミッション「生涯にわたり、主体性を持ち、地域社会に貢献できる人財育成」が策定されました。またビジョン「地域における知の拠点の実現」（東濃まるごとキャンパスの実現）を表明し、「地域にとって必要不可欠な存在感を持ち、共に発展する大学」を目指し、教職員一丸となって邁進しています（図1-2参照）。

このミッションおよびビジョンは次の両面を捉え、現理事長の安達幸成が策定したものです。

図1-1　創立者安達壽雄筆「真剣味」
出典：学校法人安達学園創立50周年記念誌編集委員会・株式会社JUHO編（2013, p.12）

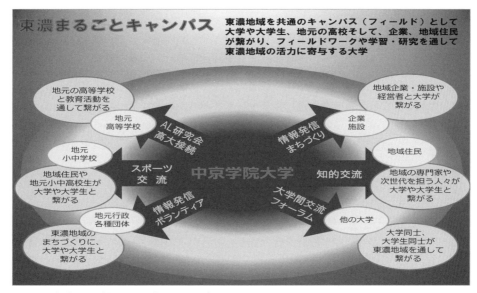

図1-2 東濃まるごとキャンパスイメージ図
出典：中京学院大学保有資料

1つ目は地域で不足する保育士、栄養士、看護師の養成と確保、そして経営学を身に付けた人財の輩出等、地元自治体の要請を受け設置された経緯を踏まえている点です。2つ目は、大都市圏への人財流出が後を絶たず、少子化の加速と相まって地方が疲弊する中で、地域の若者を育て輩出する地方創生の責務を強く自覚している点です。

これらを念頭に理事長は「東濃地域にある唯一の高等教育機関として地域の若者をあずかり、地域社会に有為な人財に育てお返ししたい。地方創生において最も大切なのは、リーダーとしてこれに取り組む『ひと』である。若者のリーダー資質を開花させ、地域社会に貢献することこそ本学の使命である」と私たち教職員に伝えています。

この思いは法人分離を契機に策定した「中期計画2020」の中で、「学生の主体性に基づく成長実感の体現」を前提条件とし、「人生100年時代」の到来を踏まえ、「自立した存在として実社会に寄与する人財の育成を進める」とも表現され、いずれも建学の精神を具現化し、地域社会に有為な人財を輩出するという熱い思いが込められています。

またミッションの実現に邁進する過程にある、近未来の本学の在り方を示したビジョンは、東濃地域唯一の高等教育機関としてあるべき姿を検討し、地域交流、高大連携の推進を図る「地域における知の拠点の実現」（「東濃まるごとキャンパス」の実現）を計画の基軸とし、以下の5項目を目標として定めています。

①学生（園児）が主体性を持って成長実感を体現できる教育の実践
②各専門分野における最新知見を兼ね備えたプロフェッショナル精神の醸成
③東濃地区との強固な連携
④生涯教育の拠点となる「学びの場」の創設
⑤計画推進を下支えし、安定稼働に導く経営基盤の強化

この重点項目に見られるように、ビジョンの実現は、学内の教育だけにとどまらず、学外のフィールドを有効活用し、地域社会と協働しながら一人ひとりの学生を育てることが中心となっています。したがって、今後、新たに構築される全学及び各学部の教育プログラムは、地域の多様な人々と交わりながら、地域社会への理解を深め、問題を抽出し、課題解決を図る学びが主流となります。このような取り組みを地道に積み重ねることで、地域創生に資すると共に、地域に不可欠な大学として発展することを目指しています。

1.2 建学の精神を具現化するフレームワーク

1.2.1 真剣味サイクル・4つの力11の要素（人財育成の過程・身に付けるべき力）

第1節1項で述べた通り、私学教育を行う上での柱となるのはいうまでもなく建学の精神であり、これを中心にしながら独自の特色ある教育が醸成されます。建学の精神を具体的に教育活動に落とし込むには、理念を紐解き教育活動に反映させる枠組みを作る必要があります。これが「建学の精神を具現化するフレームワーク」です。ここでは、本学の理想の人財育成の過程と身に付けるべき力について説明します。

2006年に学園一貫カリキュラム推進プロジェクト（学校法人安達学園）が発足し、筆者は責任者として「将来の小、中学校の設立を視野に入れ、既存の高等学校、大学と併せた、全てを貫く教育の在り方を考え、明確な形にせよ」という命を受けました。その際、最初に取り組んだのが、建学の精神の具現化のフレームとして「真剣味」を具体的に解釈することと、理想の人財育成の過程を明らかにすることでした。

最初に過去のさまざまな文献を集め、「建学の精神」の項（1.1.1）で述べた創立者の実父梅村清光の残した文に辿り着きました。その中で「我彼を殺さずんば、彼、我を殺すべく、我等は一刻たりとも、弛緩することを許されていない」[6]の一節に着目しながら、プロジェクトメンバー須栗大経営学部教授（第10章担当）、度会淳彦現中京高等学校副校長と「真剣味」の意味を噛み砕きました。まず文中の「彼」は「自分の内なる弱い心、怠惰な心を指す」という考えに基づき、自分自身にベクトルを向けて真剣に向き合う、自己対峙する姿勢と置き換えました。次に「劇烈なる生活競争場裏、今我等は眞劒を以て、相對している」[7]は、人間は決して一人で生きることはできず、社会の中でさまざまな人や場面と関わりながら、自己対峙を繰り返していると捉えました。このような点から、成長に不可欠なのは、「人と関わる多様な場面で、自己の言動を振り返り、気づき、次の行動へそれを活かすことである」としました。さらにこれを自ら意識して主体的に行えるように成長することで、梅村清光が言及する「現實的にして、眞劒なる國民」[8]、「眞に生活を生活する眞人間の輩出」[9]につながるものと結論付けました。このように建学の精神を紐解きながら、人財育成の過程を具体的に表したのが「真剣味サイクル」です。

その後、法人分離（2019年）に際して、18歳人口の減少や地域からの人財流出の影響を受けて大学運営が益々厳しくなる中、教育改革を迅速に進めるために、大学内に新たに設置されたリフォームエデュケーションセンター（REC）主導で、これまで作り上げてきたフレームの再構築及

びサイクルの見直しを図ることとなりました。初めに取り組んだのは、「真剣味サイクル」の改訂です。

口絵に示したのが改訂版サイクルです。このサイクルにはシングルループとダブルループという2つのループが存在し、この点はこれまでと変わらない特徴を示しています。シングル（小さな）ループは、日常繰り返される何気ない行動の中で日々行われ、振り返り、気づき、展望、行動（人とのつながり）の繰り返しを表しています。そしてダブル（大きな）ループは、非日常の出来事が起きた時の、深くて長い振り返り、気づき、展望を表わしています。

改訂版の変更点の1つ目は、サイクル全体を立体的な図で示し、成長過程をより分かり易く表示した点です。2つ目は、ダブルループの「気づき」を「目覚め」、「展望」を「覚悟」とより強い表現に改め、日常と非日常の振り返りを通して生まれるものと明確に区別した点です。すなわち非日常の振り返りは、長い時間を擁し、深い振り返りにつながるため、強い決意と大きな成長を生むものであることを示しています。この改訂版「真剣味サイクル」とその解説文は現在「学生ハンドブック」に掲載され、学生には講義やガイダンスで説明され、教職員には学内の研修等を通じて周知が図られています。

次に、建学の精神を教育に反映させるためのフレームとして取り組んだのは、人財育成の過程において身に付けるべき具体的な力を表すことでした。これが「4つの力11の要素」です（表1-1参照）。真剣味ある人財の育成は、サイクルが示す通り、まず他者とつながろうとする気持ちや姿勢、すなわちコミュニケーション力が必要となります。次に他者と関わりながら行動していく行動力、さらに、行動した後にさまざまな気づきを得て、自分自身を振り返る思考力（リフレクション力）があります。最後に、これら一連の行為を進んで行うセルフモチベーション力があります。この「コミュニケーション力」「行動力」「思考力」「セルフモチベーション力」を真剣味ある人財の育成に必要な「4つの力」と定義しました。

また「4つの力」をさらに具体的な「11の要素」に分け、育成過程で身に付けるべき力を詳細に表しました。「11の要素」のうち特色のあるものを挙げると、リフレクション力、貫徹力、フレンドシップ力、まごころ力です。リフレクション力は自分自身と真剣に向き合い、自己対峙する真剣味の姿勢を顕著に示しています。「自責の思考力」ともいえるこの姿勢は、絶えず身の周りで起きるさまざまな事象を「自分事」として捉える姿といえます。貫徹力は1つのことを最後までやり通す力で、強い心と体の育成が求められ、文武両道における取り組みを強く意識したものです。フレンドシップ力は、真剣味サイクルの土台となるコミュニケーション力の1つであり、さまざまな人と関わりながら他者理解を深め、多様性や協調性を身に付けることを表しています。ここから最終的には、生きる意味や命の尊さに気づき、奉仕の精神や共存共栄の心（まごころ力）を持つ人へと成長していくのです。

実際の教育現場で「4つの力11の要素」に対する学生、教職員の理解を深め、成長につなげるためには、各要素を説明するだけでなく、段階的な指標に落とし込み、成長に合わせて各自が目標設定を行うと共に、客観的に自己の現状を認識する機会を作る必要があります。そこで、法人分離に際しての見直しでは、学園一貫カリキュラム推進プロジェクト（学校法人安達学園）時に3

表1-1 4つの力11の要素

思考力	リフレクション力	広い視野を持ち、様々な情報を取捨選択することで社会や自分の現状を把握し、課題を発見する力	素直さ・謙虚さ・広い視野・情報収集力・情報整理力・情報分析力・判断力・自己評価力
	計画性	課題を解決する為に計画を立てる力	目標設定力・タイムマネジメント力・修正力
	創造力	新しい考え方や方法を創り出す力	柔軟な発想力・洞察力・フロンティア精神
行動力	挑戦力	考えや思いを確実に行動にうつす力	健康・体力・ポジティブ思考・決断力・実行力
	貫徹力	行動に移したことを最後までやり通す力	忍耐力・妥協しない力・完遂力
コミュニケーション力	規律性	ルールやマナー、約束を守る力	基本的な生活習慣・礼節・倫理観
	傾聴力	他者の話に耳を傾け聴く力	聴く力・コメント力・質問力
	表現力	自分の考えや思いを正確に伝える力	言語表現力・非言語表現力・プレゼンテーション力・ディスカッション力・ICT活用力
	フレンドシップ力	他者を敬い、状況に応じて周囲と協力しようとする力	多様性・共感性・役割認識・協調性・一体感
セルフモチベーション力	主体性	自ら進んで物事を行う力	向上心・責任感・使命感・リーダーシップ
	まごころ力	自分自身や人間の生きる意味の尊さに気づき、その実現に向けて行動する力	奉仕の精神・共存共栄の心・動物愛・自然愛・地球愛・人間愛

出典：中京学院大学保有資料より筆者作成

段階の指標であったものを、学生の成長をより具体的に把握し、指導の契機とすべく5段階の指標に改め、さらに上部にはサイクルの働きと連動した「真剣味発達の段階」と「4つの力11の要素発達課題」を明示しました（表1-2参照）。このようにして改訂された「4つの力11の要素」は、基礎的・汎用的能力に関する学士力として、学修ベンチマーク（評価等をするための指標）を活用したシートによって全学生が入学時及び卒業時に自己評価すると共に、カリキュラムマップにも利用され、各科目の到達目標とも関連付けられています。

1.2.2 教職員の基本的教授姿勢

前項の通り、建学の精神の具現化を図り、理想の人財育成につなげるためのフレームとして、まず「真剣味サイクル」と「4つの力11の要素」という人財育成の過程と身に付けるべき力を構築し、さらにこれに準じた評価指標であるルーブリックを作成しました（表1-2参照）。また法人分離に際しては、より有効に教育活動に落とし込むための見直しを図り、教育の目的や目標が具体的に身近なものとして理解され、達成の可能性が高められました。

次に取り組んだのは、教職員の基本的教授姿勢の確立です。学生たちを理想の人財に導くためには、まず教育にあたる教職員自身がサイクルに表した過程を理解するだけでなく、真剣味の姿

勢を身に付けていなければなりません。そして学生の模範となるように「4つの力11の要素」を常に高めるように努めていることが、教育者の姿勢として不可欠です。この取り組みによって人財育成の土台となる、教職員と学生との信頼関係が構築され、学生の力が引き出されていくのです。このような考えの下に策定された基本的教授姿勢は、先に示した「真剣味サイクル」を参考に信頼関係構築の鍵を握るコミュニケーション力を重視したものとなっています。

　まず基本的教授姿勢をシークエンスごとに分類し、各項目を細分化しました。1つ目のシークエンスは、心理的安全性を生む、信頼関係構築の段階として「可能性を信じ、一人の人として尊重する」姿勢です。これは教育にあたる以前に教職員に求められる資質でもあり、下記の6つに細分化し、それぞれのキーワードと共に整理しました。

　・感謝：出会えたことは奇跡であり、この縁を大切にする
　・対等：一人の人間として考えた時、対等の立場である
　・可能性：全ての学生は必ず無限の可能性を秘めている
　・責任感：大切な将来を預かり、成長の可否は自分次第
　・使命感：最後まで諦めず見守り続け、目標実現を果たす
　・教育的愛情：学生は我が子であり、我々は家族である

　2つ目のシークエンスは、「信頼関係を築き意欲を引き出す」姿勢です。これは学生と直接関わりながら動機付けを図る段階で求められる「承認する」「傾聴する」「問いかける」の3つの姿勢に分けられています。そして各姿勢をさらに細分化して示しています。「承認する姿勢」は、「存在を認める」（先に挨拶する・名前で呼ぶ・目を見て話す・話を受容する）、「行動を認める」（何をしているか、どう行動したかに焦点をあて結果だけでなく過程もみる）、「約束を守る」（時間を守る・言行一致させる）としました。次に「傾聴する姿勢」は、「相手を理解しようとする姿勢で聞く」（評価、判断、否定しない・対等）、「非言語メッセージを聞く」（声・顔・身体の表情を見る）、「全身で聞く」（環境や場の状況把握・耳だけでなく、目や体を使う）としました。最後の「問いかける姿勢」は、「迷っている時」（択一式ではなく、考えさせる問い。何故？　どうする？）、「失敗した時」（否定せず、結果だけでなく、過程に目を向け、どうすれば良かった？）、「振り返る時」（何のために、何を、どのようにしたか？）としました。

　3つ目のシークエンスは、セルフモチベーションを生む段階として、「教育課程における工夫をする」姿勢です。これは自律性、有能性、関係性の3つに分類しました。具体的に自律性は、「自ら目標設定し、自由に選択、判断する機会を作ること」、有能性は「集団や他者との関わりの中で学ぶ機会を作ること」、関係性は「出来なかったことが出来るようになる体験を積むこと」と分類し、それぞれの講義での工夫を求めました。

　このような基本的教授姿勢は教職員研修会（FD・SD研修会）によって計画的に理解を図りながら、姿勢の定着と向上に努めています。また授業アンケートでは「承認する」「傾聴する」「問いかける」を具体化した7項目の評価指標を作成し、学生の目線で教員のコミュニケーション力を測っています。またその一方で、全教職員を対象として同じ指標を用いてコミュニケーション力の自己評価を実施し、教員の場合は学生評価とのギャップを測り、意識と姿勢の向上を図ってい

表1-2 「4つの力11の要素」ルーブリック

「真剣味」を具現化する「4つの力と11の要素」ルーブリック	真剣味サイクルの発達段階	サイクルの働きに対する理解を深めようと取り組み、行動に反映させようと意識している	サイクルの働きを理解し、2つのループを活かして振り返り、気づき、展望、約束を繰り返そうとしている
	真剣味発達の段階	・自己の能力、個性、感性について理解しようとする ・他者の感じ方、捉え方の違いを認める ・自己の価値観を客観的に見つめる	・自己の能力、適性、感性について理解する ・他者の感じ方、捉え方の違いを理解する ・他者との関りで学んだ事を自分に活かそうとしている ・自分の価値観を客観的に認識する
	「4つの力11の要素」の発達課題	・情報に対する積極的な関心の形成 ・健康の保持と体力増強に対する関心の形成 ・課題を前向きに受容する力の形成 ・基本的な生活習慣の形成 ・自己、他者、地域社会への関心の形成 ・表現力の形成 ・目標に向かい努力する態度の形成 ・人間の生き方に対する関心の形成 ・自己有用感の形成	・情報を把握する力の形成、応用 ・健康の保持と体力増強に努める力の形成 ・課題を前向きに受容し、行動する力の形成 ・基本的な生活習慣の形成 ・自己、他者、地域社会への積極的な関心の形成 ・適切な表現力の形成 ・目標に向かい積極的に努力する態度の形成 ・人間の生き方に対する関心の形成 ・自己有用感の形成

4つの力	11の要素及び説明	項目	レベル1（形成前期）	レベル2（形成後期）
思考力	リフレクション力 自分の誤りや異なる意見、環境の変化等を、自問自答することで理解し改善する力。広い視野を持ち様々な情報を取捨選択することで社会や自己の現状を把握し、課題を発見する力	・素直さ ・謙虚さ ・広い視野 ・情報収集力 ・情報整理力 ・情報分析力 ・判断力 ・自己評価力	・異なる意見や環境の変化を受け入れ、自己の現状を理解しようとしている。 ・誤りから目を逸らさず認めようとしている。 ・インターネット、新聞、書籍から情報収集する手段を理解している。 ・情報を活用して、自分自身や社会の現状を把握しようとしている。	・異なる意見や環境の変化を受け入れ、自己の現状を理解している。 ・誤りから目を逸らさず認めることができる。 ・インターネット、新聞、書籍から情報収集する手段を実践できる。 ・情報を活用して、自分自身や社会の現状を把握しようとしている。
	計画性 様々な課題を解決するために目標設定と計画立案し、現状に沿って臨機応変に計画を修正して行く力	・目標設定力 ・時間管理力 ・修正力	・課題解決のために、目標設定と計画立案しようとしている。 ・細かい時間設定を考えようとしている。	・課題解決のために、目標設定と計画立案しようとしている。 ・細かい時間設定を考えている。
	創造力 柔軟な発想で新たな考えや方法、価値観を生み出す力	・柔軟な発想力 ・洞察力 ・フロンティア精神	・複数の視点で物事を考えようとしている。 ・情報を組み合わせ物事を考えようとしている。 ・先を見通して考えようとしている。	・複数の視点で物事を考えることができる。 ・情報を組み合わせ物事を考えることができる。 ・先を見通して考えることができる。
行動力	挑戦力 健康な体を基本として、前向きに物事を捉え、考えや思いを確実に行動に移す力	・健康 ・体力 ・ポジティブ思考 ・決断力 ・実行力	・規則正しい生活を心掛けている。 ・明るく前向きに物事を捉え、挑戦しようとしている。	・規則正しい生活を心がけ、健康保持に努めている。 ・明るく前向きに物事を捉え、挑戦している。
	貫徹力 行動に移したしことを最後まで諦めずにやり通す力	・忍耐力 ・妥協しない力 ・完遂力	・目標に向かって取り組もうとしている。	・目標に向かって取り組むことができる。
コミュニケーション力	規律性 基本的な生活習慣が身に付き、ルールやマナーを守る力	・基本的生活習慣 ・礼節 ・道徳観 ・倫理観	・挨拶、言葉遣い等の礼儀作法を理解している。 ・身の回りの整理整頓を心掛けている。 ・ルールや時間を守ろうとしている。	・挨拶、言葉遣い等の礼儀作法を身に付けようとしている。 ・身の回りの整理整頓を実行しようとしている。 ・ルールや時間を守ることができる。
	傾聴力 他者の話に耳を傾け、真摯な姿勢で聞く力	・聴く力 ・質問力 ・コメント力	・話し手の目を見て静かに聞くことができる。（「聞く」段階）	・話し手の目を見て姿勢を正して静かに聞き、話の内容をできる限り理解しようとしている。（「聞く」段階）
	表現力 様々な表現方法を用いて、自分の考えや思いを正確に相手に伝える力	・言語表現力 ・非言語表現力 ・プレゼンテーション力 ・ディスカッション力 ・ICT活用力	・考えや意見を整理し伝えようとしている。 ・様々な表現方法があることを知っている。	・考えや意見を整理して伝えることができる。 ・様々な表現方法があることや、それぞれの効果を知っている。
	フレンドシップ力 他者を敬い、状況に応じて周囲と協力しながら物事を推し進める力	・多様性 ・共感性 ・役割認識 ・一体感	・他者の言動に関心を持つことができる。 ・集団内で協力しながら行動しようとしている。	・他者の言動に関心を持ち、良い面を捉えようとしている。 ・集団内での自分の役割を考え、協力しようとしている。
モチベーション／セルフ力	主体性 向上心、責任感、使命感を持ち、自ら進んで物事を行う力	・向上心 ・責任感 ・使命感 ・リーダーシップ	・興味や関心を持つことができる。 ・失敗を認めようとしている。	・興味や関心を持ち、自分のすべき事を見出そうとしている。 ・失敗を認めることができる。
	まごころ力 自分自身や人間の生きる意味に気付、奉仕の精神と他者への愛情を持って行動する力	・奉仕の精神 ・共存共栄の心 ・動物愛 ・自然愛 ・地球愛 ・人間愛	・ボランティア活動に興味を持ち、取り組もうとしている。 ・自然や動植物との触れ合いを通じて、地球の素晴らしさや命の尊さについて考えようとしている。	・ボランティア活動に取り組むことができる。 ・自然や動植物との触れ合いを通じて、地球の素晴らしさや命の尊さについて考えている。 ・生きることの素晴らしさについて考えている。

出典：中京学院大学ホームページaより筆者作成

サイクルの働きを理解し、2つのループを活かして振り返り、気づき、展望、約束、決意を繰り返している	サイクルの働きを念頭に置き、2つのループを活かして、振り返り、気づき、展望、約束、決意を繰り返し、成長が見受けられる	サイクルの働きを常に念頭に置き、2つのループを臨機応変に用いて振り返り、気づき、展望、約束、決意を繰り返し、成長を遂げている
・自己の能力、適性、感性について理解を深めている ・自己の長所に気付き、高めようとしている ・他者との関わりから学んだ事を、改善に繋げている ・これまでの自分の価値観を再考しようとしている	・自己の能力、適性、感性について理解を深めている ・自己の長所に気付き、高める取り組みを継続している ・他者との関わりから学んだ事を、改善に繋げている ・振り返り、改善が多くの場面でなされている ・積極的に行動している ・これまでの自分の価値観を再考しようとしている	・自己の能力、適性、感性について理解を深めている ・自己の長所に気付き、高める取り組みを継続している ・他者との関わりから学んだ事を、改善に繋げている ・振り返り、改善が常になされている ・様々な場面で主体的に行動している ・自分の生き方や相応しい在り方について理解している
・情報を把握し、分析する力の形成 ・健康の保持と体力増強に努める力の形成、応用 ・課題を前向きに受容し、行動する力の形成、応用 ・基本的な生活習慣の形成、応用 ・自己、他者、地域社会への積極的な関心の形成、応用 ・適切な表現力の形成、応用 ・目標に向かい積極的に努力する態度の形成、応用 ・人間の生き方に対する関心の形成、応用 ・自己有用感の獲得	・情報を把握し、分析する力の発展 ・健康の保持と体力増強に努める力の発展 ・課題を前向きに受容し、最後まで行動する力の発展 ・基本的な生活習慣の発展 ・自己、他者、社会への主体的関心の形成、応用 ・目標に向かい主体的に努力する態度の形成、応用 ・自己のよりよい生き方に対する関心の形成、応用 ・自己肯定感の形成	・情報を把握し、分析する力の発展、定着 ・健康の保持と体力増強に努める力の発展、定着 ・課題を前向きに受容し、最後まで行動する力の発展、定着 ・基本的な生活習慣の形成、発展、定着 ・自己、他者、社会への主体的関心の発展、定着 ・目標に向かい主体的に努力する態度の発展、定着 ・自己のよりよい生き方に対する関心の発展、定着 ・自己肯定感の獲得
レベル3(応用前期)	レベル4(応用後期)	レベル5(発展・定着期)
・異なる意見や環境の変化を受け入れ、自己の現状を理解している。 ・誤りを認め、改善しようとしている。 ・インターネット、新聞、書籍から情報収集できる。 ・情報を活用して、自分自身や社会の現状を把握できる。	・異なる意見や環境の変化を受け入れ、自己の現状を理解し、常に改善している。 ・誤りを認め、改善に取り組んでいる。 ・インターネット、新聞、書籍から情報を収集し、取捨選択している。 ・情報を活用して、自分自身や社会の課題を把握できる。	・異なる意見や環境の変化を受け入れ、自己の現状を理解し、常に改善している。 ・誤りを認め、常に改善している。 ・インターネット、新聞、書籍から情報を収集し、自分自身や社会に有益なものを取捨選択している。 ・情報を活用して、自分自身や社会の課題を把握できる。
・課題解決のために、目標設定と計画立案することができる。 ・細かい時間設定を考えることができる。	・課題解決のために、目標設定と計画立案をすることができ、修正を加えることができる。 ・細かい時間設定を考えることができ、修正できる。	・課題解決のために、目標設定と計画立案が円滑にでき、臨機応変に修正することができる。 ・細かい時間設定が円滑にでき、臨機応変に修正できる。
・多角的視点で常に物事を考えようとしている。 ・情報を組み合わせて物事を考えることができ、新たな考えを生み出そうとしている。 ・先を見通して考えることができる。	・多角的視点で常に物事を考えようとしている。 ・情報を組み合わせて物事を考えることができ、新たな考えを生み出すことができる。 ・常に先を見通して考えようとしている。	・多角的視点で常に物事を考えることができる。 ・情報を組み合わせて物事を考えることができ、新たな考えを生み出すことができる。 ・常に先を見通して考えることができる。
・規則正しい生活を継続し、健康保持することができる。 ・明るく前向きに物事を捉え、挑戦している。	・規則正しい生活を継続し、健康保持と増進を図れる。 ・進んで何事にも挑戦している。	・規則正しい生活習慣が確立され、健康保持と増進を図れる。 ・主体的に何事にも挑戦できる。
・目標に向かって取り組む中で、我慢することの大切さを知り、諦めずに行動しようとしている。	・目標に向かって取り組む中で、我慢することの大切さや自分の弱さを知り、諦めずに行動しようとしている。	・目標に向かって取り組む中で、最後までやり遂げることの大切さに気付き、諦めずに行動できる。
・挨拶、言葉遣い等の礼儀作法を身に付けている。 ・身の回りの整理整頓ができる。 ・ルールを守り、時間を有効に活用しようとしている。	・場に相応しい礼儀作法を身に付けようとしている。 ・公共の場の整理整頓を心掛けている。 ・ルールを守り、時間を有効に活用できる。	・場に相応しい礼儀作法が身に付いている。 ・公共の場の整理整頓ができる。 ・ルールを守り、時間を有効に活用する大切さを、周囲に示すことができる。
・話し手の目を見て姿勢を正して適切なうなずきをしながら話の内容を理解している。(「聴く」段階)	・話し手の目を見て姿勢を正して適切なうなずきとメモを取りながら注意深く聞き、話の内容を理解している。(「聴く」段階)	・話の要点を捉えながら集中して聞き、質問を投げかけることで新たな気づきを得て、自己の課題の克服に努めることができる。(「訊く」段階)
・考えや意見を分かり易く要点を捉え、伝えようとしている。 ・様々な表現方法を使いながら伝えようとしている。	・考えや意見を分かり易く要点を捉え、伝えることができる。 ・様々な表現方法を使いながら伝えることができる。	・考えや意見を分かり易く要点を捉えた上で、心を込めて伝えることができる。 ・様々な表現方法を状況に応じて使い分け、伝えることができる。
・他者の言動の理解に努め、尊重できる。 ・集団内での自分の役割を認識し、協力しようとしている。	・他者の言動や価値観の理解に努め、尊重できる。 ・集団内での自分の役割を認識し、協力できる。	・常に他者の言動や価値観の理解に努め、尊重できる。 ・集団内での自分の役割を認識し、状況に応じて協力できる。
・興味や関心を持ち、自分のすべき事を見出し、責任感を持って行動しようとしている。 ・失敗を認め、活かそうとしている。	・興味や関心を持ち、自分のすべき事を見出し、責任感を持って行動している。 ・失敗を認め、改善できる。 ・リーダーシップを発揮しようとしている。	・何事にも興味や関心を持ち、自分のすべき事を見出し、責任感を持って行動することができる。 ・失敗を活かし、改善できる。 ・リーダーシップを発揮できる。
・ボランティア活動に進んで取り組むことができる。 ・自然や動植物との触れ合いを通じて、地球の素晴らしさ、命の尊さについて考えている。 ・生きることの素晴らしさを感じている。	・他者や地域社会のために、進んで行動しようとしている。 ・自然や動植物との触れ合いを通じて、地球の素晴らしさ、命の尊さを理解している。 ・生きることの意味を理解しようとしている。	・他者や地域社会のために、主体的に行動できている。 ・自然や動植物との触れ合いを通じて、地球の素晴らしさ、命の尊さを理解している。 ・生きることの意味を理解しようとしている。

ます。

「教うるは学ぶの半ば」と諺にあるように、教員は常に学び続けなければなりません。建学の精神を紐解いた独自の枠組みを活用しながら、停滞することなく教育力向上のために邁進し続けていかなければなりません。

1.2.3 「中京学院 PRIDE」が示すスポーツの役割

建学の精神の具現化のフレームワークとして最後に取り組んだのは、建学の精神に謳われ、学術と並び人財育成の柱とされているスポーツに取り組む目的を明確にすることです。

現代におけるスポーツは、トップアスリートによるプロスポーツ、オリンピック、パラリンピックなどの競技、学校教育を通じた人財育成、生涯スポーツによる生きがいの創出、健康維持増進、地域貢献等、その働きは多岐にわたっていますが、本学における意義を辿ってみると、梅村清光は下記の言葉を残しています。

> スポーツは、寧ろ結果の勝敗を目的とせずして、過程のフェアプレーを目的とする。スポーツマンシップ即ゼントルマンシップであるのは、この一点にある。成敗利鈍を眼中に措かず、正々として争ひ、斃れて後己むの精神、これまた真剣なる生活の発露でなくて何であらう、断じて職業的ではならない。一言にしていへば、スポーツは本校教育の理想と使命を完うせんとする努力の一つの現はれである[10]

上記の言葉を踏まえ、より深く、強く、理想の人財育成を果たすために、本学の運動部に所属する選手としての誇りや、在り方を示す心構えをまとめしました。本学の運動部に所属する選手並びに指導者がこのことを常に念頭に置き、日頃の練習、試合、生活に臨み、理想の人財育成だけにとどまらず、誇りの醸成にもつなげて欲しいと考えています。このような願いを込めて策定されたのが、以下の「中京学院 PRIDE」です。

中京学院 PRIDE「5S」
- Spirit of Playing fair　　　　　「フェアプレー精神」
- Spirit of Respecting others　　　「他者を尊重する精神」
- Spirit of Innovating yourself　　「自己革新する精神」
- Spirit of not being Discouraged　「諦めない精神」（挫けない精神）
- Spirit of Enjoying all experience「味わえることすべてを楽しむ精神」

この「中京学院 PRIDE」の浸透は、各クラブの指導者である監督、コーチに委ねるだけでなく、「運動部指導ミーティング」の計画的開催において、理事長、学長から周知され、夏、秋に実施される全国大会の出場選手激励会、中京学院コア科目[11]である「セルフプロデュースＡ・Ｂ」等で理解が図られ、本学アスリートとしての誇りとスポーツマンシップの涵養に努めています。

1.3 教学中期計画

1.3.1 高等教育改革の方向性

　これまで建学の精神を具現化するためのフレームワークについて述べてきましたが、この項では、我が国が目指す高等教育改革、本学の教学中期計画、全学共通教育を通じて、本学の教育改革の方向性を説明します。

　現代社会は、テクノロジーの急速な深化に伴う新たな技術や産業、環境問題、自然災害等、予測できないさまざまな変化が日々起こっています。先行きが予測できず、どうなるか分からない不確実性の高い21世紀は「VUCA（ブーカ）の時代」と呼ばれています。このような時代の中で求められるのは、新たな価値を創造しながら、柔軟に変化に対応することができる人財であるといわれています。

　我が国の高等教育の近未来の方向性を示す「2040年に向けた高等教育グランドデザイン」（中央教育審議会　2018）では、予測不可能な時代を生きる人材像として「幅広い教養を身に付け、高い公共性・倫理性を保持しつつ、時代の変化に合わせて積極的に社会を支え、論理的思考力を持って社会を改善していく資質を有する人材」[12]を掲げています。そして、このような人材を育てるための教育改革の方向性として、「教学マネジメント指針」（中央教育審議会大学分科会　2020）によれば次の2点が示されています。1つ目は、「学修者本位の教育の実現」です。それは「既存のシステムを前提とした『供給者目線』を脱却し、学位を与える課程（学位プログラム）が、学生が必要な資質・能力を身に付ける観点から最適化されているかという『学修者目線』で教育を捉え直すという根本的かつ包括的な変化」[13]を求めています。2つ目は「実現すべき方向性」として、「学修者が『何を学び、身に付けることができるのか』を明確にし、学修の成果を学修者が実感できる教育を行っていること」[14]と「このような教育が行われていることを確認できる質の保証の在り方へ転換されていくこと」[15]を「2040年に向けた高等教育のグランドデザイン」から紹介しています。

　そして質保証の確立に関わる重要な営みである教学マネジメントについては、教学マネジメント指針（中央教育審議会大学分科会　2020）で次のように述べられています。

　　教学マネジメントとは、「大学がその教育目的を達成するために行う管理運営」と定義でき、
　　（中略）最も重要なミッションである教育に関しては、第一義的には大学自らが率先して質
　　保証に取り組むことが重要である[16]。

1.3.2 教学中期計画概要

　上記の方向性を踏まえつつ、本学の教育目的を達成するための管理運営の在り方として教職員に示したのが、「全学教学マネジメントサイクルイメージ図」です（図1-3参照）。サイクルの底辺には入学前から卒業後までのマネジメントを支える仕組みであるエンロールマネジメント

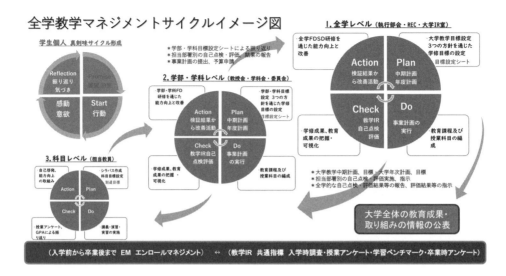

図 1-3　全学教学マネジメントサイクルイメージ図
出典：中京学院大学保有資料

（EM）と教学に関するデータを分析し、改善につなげる取り組みである教学 IR（Institutional Research）が示され、全体には機関レベル、課程レベル、科目レベルの 3 つに分けてサイクルが描かれています。各サイクルが連動するイメージは矢印で示され、この 3 つの円がミッションに基づく人財育成に向かって動くことで目的並びに目標が達成されるイメージとなっています。これを動かすのは人であり、各サイクルを中心となって動かす学長、学部長、教員、職員がそれぞれの立場で良質のコミュニケーションを図ることが必要不可欠です。したがって図中の矢印は、このコミュニケーションの働きを示しているといえます。これによって全てのサイクルが同じ方向で稼働していきます。そして最終的に学生個人が真剣味サイクルを身に付けることができ、理想の人財像に近づいていくのです。この点を本学で教育に携わる全ての教職員が常に忘れてはならず、進んでコミュニケーションを図り、互いの理解を深めながら協働して教育活動にあたることが求められています。

　また、2021 年 4 月に筆者が学長に就任したのと同時に「全学教学マネジメント構築」をテーマとした 6 年間にわたる教学中期計画を策定し、推進してきました（表 1-3 参照）。

　その概要を説明すると、6 年後の目標を「建学の精神を具現化する教育で選ばれる大学作り」とし、前半の 3 年間を計画 1 期（導入期）として位置づけ、全学の教学マネジメントの整備をテーマに、共通教育及び評価指標の導入、教学 IR 活動整備、エンロールマネジメント確立をそれぞれ目標としました。後半の 3 年間は計画 2 期（定着期）として位置づけ、全学教学マネジメント確立をテーマに、共通教育、共通科目、全学行事、エンロールマネジメント、教学 IR 活動の確立を目指しています。

　前期 3 年が終わった今、新たな課題はあるものの、計画は順調に遂行されています。共通教育の導入では、瑞浪、中津川キャンパス間で相違のあった講義時間、学期開始の統一を皮切りに、

表1-3　教学中期計画概要

ミッション	生涯にわたり主体性を持ち、地域社会に貢献できる人財の育成					
ビジョン	地域における「知」の拠点の実現（「東濃まるごとキャンパス」の実現） 〜地域にとって必要不可欠な存在感を持ち、共に発展する大学〜					
コンセプト	いつも学生と共に　〜Here is second home for you〜					
基本的教授姿勢	・可能性を信じ一人の人間として尊重する　・信頼関係を築き、意欲を引き出す ・セルフモチベーションを生む学び					
6年後の目標	建学の精神を具現化する教育で選ばれる大学					
年度	2021年	2022年	2023年	2024年	2025年	2026年
教学目標	全学教学マネジメント整備			全学教学マネジメント確立		
年次目標	共通教育導入 評価指標導入 EM/教学IR整備	共通教育導入 評価指標導入 EM/教学IR整備	共通教育導入 評価指標導入 EM/教学IR整備 認証評価前年	共通教育確立 共通科目導入 全学行事確立 EM/教学IR確立	共通教育確立 共通科目導入 全学行事確立 EM/教学IR確立	共通教育確立 共通科目確立 全学行事確立 EM/教学IR確立
			認証評価受審			
区分	計画1期（導入期）			計画2期（定着期）		

出典：中京学院大学保有資料より筆者作成

全学で「いつともプランナー導入（真剣味サイクルの考えに基づく生活日誌）」、セルフプロデュース・基礎演習（初年次基礎教育）の共通科目化、全学プレゼンテーション大会実施、総合型地域スポーツクラブ設立、アスリートミーティング、レク＋アス　エンジョイ　フェスティバル開催等に取り組んできました。評価指標の導入では、「4つの力11の要素」ルーブリック及び授業アンケートを改訂し、教職員の基本的教授姿勢を確立して教育力向上につなげています。

このような指標を構築する中で、教育活動のデータを集約、分析する教学IR室を本格的に稼働させ、毎月のIR室レポート配信、その後、教職員対象のIR座談会を開催して課題を抽出して、教育の質保証に関わるマネジメントを意欲的に進めています（大須賀・林・今津　2022）。また2024年の後期からは、上記の事業を継続しながらさらなる発展を目指しています。その中でも全学的な行事として、学術面ではプレゼンテーション大会『彩イロドリ』、スポーツ面では「レク＋アス　エンジョイ　フェスティバル」、「アスリートミーティング」、各クラブのスポーツ講習会や対外試合が合体した「スポーツフェス」、徳育面では、新入生対象に入学直後の4月初旬に行い、建学の精神の理解と学部を横断した人間関係を構築する「フレッシュマンキャンプ」を開催します。このような取り組みを通じて、より一層地域と連携を図りながら、正課で学んだ知識や技術を実践する環境を高めていきます。

1.3.3　地方創生につながる全学共通教育

この項ではこれまで取り組んできた地方創生につながる全学共通教育について説明していきます。本学では地域貢献を目的とした課題解決型授業として地域貢献人財育成プログラムがあります。導入当初は主体性のある学生で組織したプロジェクトチームを立ち上げて授業外で活動していましたが、その後、地域課題解決の提案をする「地域貢献人財育成入試」を設け、地元に愛着

を持ち、地域について学ぶ志のある人財を集めて実施するようになり、現在では全学共通科目「地域貢献Ⅰ～Ⅳ」を確立し、さらなる学びの充実を図っています。

1年次開講の「地域貢献Ⅰ・Ⅱ」では、入学前に作成した提案書の再構築を進めつつ、多様な人と交わることができるように言語・非言語コミュニケーション力を高めるワークを行います。2年次の「地域貢献Ⅲ・Ⅳ」ではプロジェクトチームを編成して地域課題の解決にあたり、学びの集大成として地元自治体、経済界、住民団体等の方を前に活動成果を発表しています。

2021年にはスポーツを通じた地域貢献の一環として、総合型地域スポーツクラブを開設して、学生役員が主体的に取り組んでいます。この活動の目的は、地域でスポーツに関わる人々が大学の施設や指導者等のスポーツ資源を活用することで、トップスポーツと地域スポーツの好循環を創出し、トップアスリートや指導者を育成すると共に、地域の人づくりやまちづくりに寄与する点にあります。具体的な事業は、ジュニアアスリート育成事業、地域住民の健康や体力を維持増進する事業等に分けられ、これまでにアスリート講演会、小・中対象スポーツ教室、夏・秋の激励会、アクティブ チャイルド プログラム（ACP）を実施しました。いずれも多数の市民を集め、競技力の向上や地域創生の契機となっています。

これとは別に全学行事としてプレゼンテーション大会『彩イロドリ』、「レク＋アス　エンジョイ　フェスティバル」と「アスリートミーティング」を開催して、地域関係者と連携を図りながら、正課活動として学んだ知識や技術を実践する場を設けてきました。2025年からはこの2つの行事に加え、新たに1年生対象の「フレッシュマンキャンプ」を行い、全学共通の3大行事として大学の一体感の醸成と理想の人財育成を図る土台としていきます。

21世紀は予測困難な時代です。我が国においても少子高齢化による人口減少、地震や水害などの自然災害、コロナ禍による社会経済の停滞等の問題が山積する一方で、SNSの発達により瞬時に大量の情報を手に入れることができ、また多くの場面でAIが人の代わりに仕事をこなし、科学技術の発達は社会を急速に変えていきます。しかしながらどのように世の中が変化しても、私学運営の支柱となるのは建学の精神に基づく人財育成にあります。このことを頼りにしながら、地方にある小規模私立大学として、地域の発展と学生の成長を視野に入れた教育の実現に不断の努力を続けます。

1.4　教育の質保証

1.4.1　教学IR室の役割

教学中期計画に沿って、地方創生につながる教育等、ミッション、ビジョンに基づく教育を実現するためには、学習成果を可視化してデータの分析、検証を行い、改善を重ねる教学マネジメントの確立が必要です。教学マネジメント指針（中央教育審議会大学分科会　2020）では、マネジメント構築の要諦として、「各大学が自らの理念を踏まえ、その責任において、本来持っている組織としての力を十分発揮しつつ、それぞれの実情に合致した形で構築すべきものである。（中略）各大学が本指針を踏まえつつも、創意工夫を行いながら、その大学の個性や特色を生かした

教学マネジメントを確立するための取組を進めることが重要である」[17]と述べられています。このような点を踏まえて、2021年から本格的に稼働しながら、教学マネジメントの構築に多大なる役割を果たし、教育改革推進のダイナモ的役割を果たしてきたのが教学IR室です。ここでは、教学IR室のこれまでの取り組みについて説明します。

最初に取り組んだのは、本学の教学における課題改善につながるテーマレポート（IR室レポート）の作成です。主なテーマは、過去5年における休学・退学・除籍の発生状況とその理由、東濃地域出身の入学者分析、段階的面談指導に関する質的量的分析、授業アンケートに見る事前事後学習時間、GPA（Grade Point Average）及び成績分布について、成長実感、学生生活満足度、推奨度の視点から見る卒業時アンケート、教員のコミュニケーション力、コミュニケーション力ギャップ（学生の教員評価と教員の自己評価のギャップを測定）等です[18]。これらのテーマに従って毎月1回レポートを全教職員に配信し、その後、教職員座談会を開催してレポートに対する感想や意見を伺う機会としています（大須賀・林・今津　2022）。

また2年目からは教職員とは別のテーマで学生座談会を開催し、講義、行事、学生生活全般に対する学生の意見を収集して改善の参考としています（大須賀・富田・今津・林　2023）。この取り組みは3年目から、より深く、そしてより多くの学生の意見を大学運営に活用するために、学生座談会を進化させた「学長ワークショップ」として展開しています（大須賀・富田　2024）。学長ワークショップの目的は「建学の精神を具現化する教育への理解を深めると共に、学生や教職員の声を直接聴き、教育改革、改善のニーズやヒントを収集しより良い大学運営につなげること」であり、それに伴い以下の4つの目標を掲げています。

①建学の精神に対する理解を深め、ミッション、ビジョン達成の為に創意工夫すること
②大学、学部の課題について、意見交換を行い、解決策等の検討と共有をする
③大学、学部の将来像について意見交換を行い、自分事化する
④学部や所属を越えた仲間づくり（チームビルディング）の場とする

なお、2023年度に開催された学長ワークショップのテーマは第1回が「在学生から見た本学の魅力、その価値と進化・深化」、第2回が「学生が出席したい価値ある授業とは？　その創意工夫とは？」、第3回が「中京学院大学アスリートとしての在り方」、第4回が「縦、横のつながりを深めるための講義や行事の在り方について」でした。短期大学部、看護学部、経営学部、全学の単位で毎回30名程度の学生が集まり学長及び関係教職員が協力しながらワークショップを展開し、さまざまな意見を抽出しました。その結果、「学部を横断した講義や行事を確立して欲しい」という意見が圧倒的に多く[19]、次年度に向けて教学中期計画の中でも取り組むこととなりました。

次に取り組んだのは、他大学と合同で行うIR研修会です。現在、IR活動を本格的に実施している小規模私立大学は少なく、本学だけでは課題の克服に行き詰まりを感じる場合も多々ありました。そこで同じ課題を抱える他大学と、学び合い、高め合うことを目的とした研修会を主催することにしました。例えば、2023年度の参加大学は、九州共立大学、九州女子大学、九州女子短期大学、香蘭女子短期大学、文京学院大学、愛知文教大学、愛知文教女子短期大学でした。研修会の内容は、各大学の事例報告、実務担当者によるコンサルティング、そしてミニシンポジウム

です。これまでの研修会を通じて、他大学の取り組みを参考にしながら、インナーブランディングを図ることを目的とした学内広報誌を発行することを決定し、現在、年間4回発行をしています（大須賀・富田・今津・林　2023；大須賀・富田　2024；大須賀・林　2024）。具体的な内容としては「クローズアップ講義、卒業生の声を聞くCHUKYOVOICE、本学の歴史、教員インタビュー、キラッと光る文武両道学生、教学IR室から」等の各項を通じて、教職員に本学の教育の本質、魅力、方向性等をより深い理解につなげられるように取り組んでいます[20]。

　このような活動を通じて教学IRに関する課題として浮き彫りになった点は、活動が形式的な取り組みになる傾向があり、その結果、実質的な教育の改善に必ずしもつながっていないということでした。次項ではこの改善策と教学IR室の今後の動きについて具体的に示します。

1.4.2　教学IR室Ringとは

　前項の課題を受け、2024年度から新たに取り組んだのが「教学IR室 Ring」です。まず、図1-4が示すように教学IR室が毎月のIR室レポートを作成して全教職員に配信します。その後、教職員座談会を開催して意見を伺います。学生にはこれとは別のテーマで、学長ワークショップを開催して意見を集約します。その後、ここで出た意見を機関、課程、教職員別に分けてフィードフォワードレポート（前向きに改善を促すレポート）にまとめ、大学執行部会で各部署の責任者に改善指示します。最終的には各レベルで検討、具体的な解決策や実施状況を教学IR室にフィードバックします。

　このようにレポート作成から教育改善までの流れを明確にして、「Ring」の言葉どおり、1つ

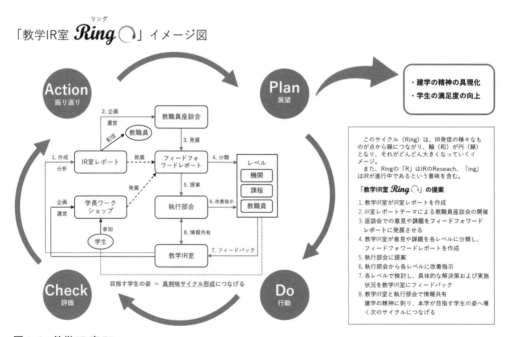

図1-4　教学IR室Ring
出典：中京学院大学ホームページb

の輪のようにつなげ、この活動に多くの人を巻き込んでいくことで、IR活動を教育の実質的な改善にし、教学改革を加速化していきたいと考えています。今後は、学内関係者（教職員、学生）にとどまらず、地元自治体関係者からも意見を伺う「東濃5市定期ミーティング」を開催して、幅広く本学の教育活動に対する意見や要望を伺っていきます[21]。

　教学IR室は2021年の本格的稼働から、教育改革を客観的データに基づく検証、分析を繰り返すだけでなく、新たな企画提案も積極的に行い、本学における教育改革のダイナモとしての働きを重ねてきました。今後も停滞せず地道な活動を継続し、建学の精神を具現化する特色ある教育を確立し、人財育成を通じた地域創生を果たしていきます。そして全国にある小規模私立大学における、教学IRをリードする立場を確立したいと考えています。

1.5　今後に向けて

　この章では、地域に必要不可欠な大学を目指し、いかにして建学の精神を具現化して教育実践につなげるのかについて順を追って説明してきました。第一節で述べたように、建学の精神には、創立者の実現させたい教育に対する「志」と「情熱」が込められています。この唯一無二の思いを原理原則にした教育活動を考え、実現させることで、独自の魅力ある教育が展開できます。

　本学では建学の精神に基づいた人財育成の過程を「真剣味サイクル」に、身に付けるべき力を「4つの力11の要素」としてそれぞれ具体的に示し、教学中期計画を通じて理念の具現化に真正面から愚直に取り組んできました。今回の経営学部新プログラム導入もいうまでもなく、このサイクルや要素を踏まえて策定されています。真剣味の姿勢は言い換えれば「自責の思考力」であり、どのような場面においても他責にせず、自己の問題として置き換え、自ら考えて行動する姿といえます。この姿勢を念頭に置きながら、教育活動を通じてさまざまな経験を重ねることで主体性を育み、変化の時代に対応できる自律した地域社会に有為な人財を輩出し続けることこそ本学の使命です。

　長年にわたって地域に根差し、地域と共に発展してきた地方小規模私立大学の存続は地域との共生なくしてあり得ません。裏を返せば、地域と共生してきた大学がなくなれば、大都市圏への人財流出は激しさを増し、地域の存続も危ぶまれることになります。苦境にある今こそ地域と大学が互いに手を取り合いながら若者を育て輩出することが不可欠です。このことの実現のために、今後も建学の精神「学術とスポーツの真剣味の殿堂たれ」を紐解きながら、教育改革に挑戦し続けていきたいと思います。

注

1）文部科学省「私立学校法」, https://www.mext.go.jp/a_menu/koutou/shinkou/07021403/001/001.htm（2024年9月9日アクセス）より引用。
2）文部科学省「私立学校法」, https://www.mext.go.jp/a_menu/koutou/shinkou/07021403/001/001.htm（2024年9月9日アクセス）より引用。

3）弘道館記述義とは水戸藩の藩校弘道館の建学の旨意等を論じている解説書。
4）和木（2000, p. 37）より引用。
5）学校法人安達学園創立50周年記念誌編集委員会・株式会社JUHO編（2013, pp. 12-13）より引用。
6）学校法人安達学園創立50周年記念誌編集委員会・株式会社JUHO編（2013, p. 12）より引用。
7）学校法人安達学園創立50周年記念誌編集委員会・株式会社JUHO編（2013, p. 12）より引用。
8）学校法人安達学園創立50周年記念誌編集委員会・株式会社JUHO編（2013, p. 12）より引用。
9）学校法人安達学園創立50周年記念誌編集委員会・株式会社JUHO編（2013, p. 12）より引用。
10）学校法人安達学園創立50周年記念誌編集委員会・株式会社JUHO編（2013, p. 13）より引用。
11）学部の枠を超え、中京学院大学生としてふさわしい姿勢と能力を育むことを目標とし、真剣味サイクルで示された「4つの力」の内、特にコミュニケーション力を重視しつつ、それぞれの土台となる力の定着を図る科目。
12）中央教育審議会（2018, p. 4）より引用。
13）中央教育審議会大学分科会（2020, p. 1）より引用。
14）中央教育審議会大学分科会（2020, p. 1）より引用。
15）中央教育審議会大学分科会（2020, p. 1）より引用。
16）中央教育審議会大学分科会（2020, p. 2）より引用。
17）中央教育審議会大学分科会（2020, p. 5）より引用。
18）教学IR室の分析テーマの詳細は中京学院大学ホームページbを参照のこと。
19）学長ワークショップの詳細は中京学院大学ホームページbを参照のこと。
20）学内広報誌の詳細は中京学院大学ホームページbを参照のこと。
21）東濃5市定期ミーティングの詳細は中京学院大学ホームページcを参照のこと。

参考文献

大須賀元彦・林勇人・今津木綿子（2022）「小規模私立大学における教学マネジメントサイクルの構築に向けた教学IRの業務上の課題」『中京学院大学紀要』第1巻第1号, pp. 13-20. 中京学院大学, https://chukyogakuin.repo.nii.ac.jp/records/2000063（2024年9月9日アクセス）

大須賀元彦・富田宏・今津木綿子・林勇人（2023）「小規模私立大学における教学マネジメントの構築に向けた合同IR研修会からの知見」『中京学院大学紀要』第2巻第1号, pp. 43-49. 中京学院大学, https://chukyogakuin.repo.nii.ac.jp/records/2000012（2024年9月9日アクセス）

大須賀元彦・富田宏（2024）「小規模私立大学の教学IR組織における人材育成に求められる視点」『ビジネス実務論集』第42号, pp. 35-40. 日本ビジネス実務学会

大須賀元彦・林勇人（2024）「中小規模私立大学における教学IR研修会に関する一考察－合同IR研修会のアンケート結果を踏まえて－」『中京学院大学紀要』第3巻第1号, pp. 17-24. 中京学院大学, https://chukyogakuin.repo.nii.ac.jp/records/2000053（2024年9月9日アクセス）

学校法人安達学園創立50周年記念誌編集委員会・株式会社JUHO編（2013）『学園のあゆみ－学校法人安達学園創立50周年記念誌－』学校法人安達学園

中央教育審議会（2018）「2040年に向けた高等教育のグランドデザイン（答申）」, https://www.mext.go.jp/content/20200312-mxt_koutou01-100006282_1.pdf（2024年9月9日アクセス）

中央教育審議会大学分科会（2020）「教学マネジメント指針」, https://www.mext.go.jp/content/20200206-mxt_daigakuc03-000004749_001r.pdf（2024年9月9日アクセス）

中京学院大学ホームページa「「真剣味」を具現化する「4つの力と11の要素」ルーブリック」, https://www.chukyogakuin-u.ac.jp/artis-cms/cms-files/20231005-150113-6728.pdf（2024年9月9日アクセス）

中京学院大学ホームページ b「IR の取り組み」, https://www.chukyogakuin-u.ac.jp/teacher/38_61712d096f55c/index.html（2024年9月9日アクセス）

中京学院大学ホームページ c「東濃5市定期ミーティング開催！」, https://www.chukyogakuin-u.ac.jp/topics/30_66cbc7465ff24/index.html（2024年9月9日アクセス）

文部科学省「私立学校法」, https://www.mext.go.jp/a_menu/koutou/shinkou/07021403/001/001.htm（2024年9月9日アクセス）

和木康光（2000）『学術とスポーツの真剣味の殿堂たれ―安達学園物語―』学校法人安達学園

第 2 章　経営学部のカリキュラム改革
―地域にイノベーションを起こす人財育成―

簗瀬洋一郎

2.1　はじめに

　経営学部では2024年度から新たなカリキュラムに取り組み始めています。この章では、まず、それまでの経営学部の取り組みついて紹介し、経営学部の抱えていた課題を明らかにします。その後に、これを解決するために新たに定められた私たちが育成すべき人財像、カリキュラム作成のためのプロジェクトの活動内容、そして作り上げた新カリキュラムの内容について紹介します。

2.2　経営学部の課題

2.2.1　旧カリキュラムの役割と取り組み

　2024年度からのカリキュラムの話の前に、その前提となる2017年度カリキュラムの内容について説明します。

　このカリキュラムの大きな特徴は、科目群としてのキャリア科目の設定とコミュニケーション科目の充実、そしてそれを実施する中でカリキュラムマネジメントを明確に行うことができるように構成した点にあります。具体的には、カリキュラムツリーと科目間の順序性の整理、1年次から実施するゼミ活動の位置づけの明確化、卒業研究を必修とすることで学科としての達成度評価を行うことなどを目的として、カリキュラム改訂が行われました。

　キャリア科目は、教養科目と専門科目の双方に分散して配置されていましたが、1年次からのキャリア形成を目的として、教養科目と専門科目と同様のレベルで配置されています。これは、経営学部の学びを理解するためには大学内だけで学ぶのではなく、ボランティアやインターンシップで社会に出ることで、学びへのモチベーションが高まることを意図して配置されたものです。1年次には実習科目としての「ボランティア」、地元経営者の方からの話を聞いて将来を展望する「社会的責任と職業」が配置されています。2年次には社会人として基本的な作法を身につけるための「ビジネスコミュニケーション」と「論理的思考」などの科目が置かれています。そして3年次は、実際に働くうえでの考え方を中心とした「就業力ゼミ」や企業への就業実習を行う「インターンシップ」などの科目によって構成されています。また、これに、2019年度より地域貢献型入試で入学した学生が学部を超えて合同で学ぶ「地域貢献」も含む形となりました。

　コミュニケーション科目は、日本語表現科目群、情報リテラシ科目群、言語科目群、非言語科目群から構成される、コミュニケーション全般を幅広く学ぶ科目となっています。特に、非言語

科目については、ネットワーク上での表現としての絵文字（emoji）が世界的に認知されつつある中で、コミュニケーションの基礎知識としての役割が大きくなっているとして「表情分析」「所作からの推察」「時間と沈黙」「色彩と人間」「場のデザイン」と5科目を配置しました。

2.2.2　経営学部の構成と課題

　経営学部の入学生の構成は、1学年の定員が150名です。2017年度のカリキュラム改革以前より、大学入学後もスポーツを継続することを表明している学生が80名程度、日本語学校からの留学生が50名程度、30名が地元の一般学生というメンバーで構成されていました。これに、10名が定員の3年次編入生の中で、数名が入学するという状況が続いていました。

　大学でも高等学校までに行ってきたスポーツを継続する学生らは、経営学部に活気を与えてくれていましたが、ケガや故障でスポーツを続けられなくなると、大学そのものを退学してしまうという課題がありました。また、留学生については、卒業に至るまでの間に就職してしまい、退学を願い出る学生も多く、こちらも在学が継続できないという意味では同じ問題を抱えていました。さらに、地元からの一般学生は、同一法人であった高等学校からの入学生が多くを占めていたものの、法人分離後はその数も減少するという状況に陥りました。このような課題に対する問題意識があり、その状況を打開すべく、新たなカリキュラムの作成に着手したのです。

2.3　新たなカリキュラム

　新たなカリキュラムは理事会の主導のもとに、2022年3月にプロジェクトチームが立ち上がり、その主旨が次のとおり説明されました。

　『これまでの経営学部の学生募集においては、平成12年を境に一般学生は減少の一途を辿り、スポーツ学生及び留学生の募集にシフトされ、定員の6割をスポーツ学生、3割を留学生、一般学生は1割程度の状況が続いています。さらに昨年からはコロナ禍の影響を受け、留学生を確保できないことから、入学定員を大幅に下回る状況が続いており、危機的状況にあります。この現状を打破すべく、ボトムアップとトップダウンを繰り返し、令和6年に向けての「新しい経営学部」を共に考えていきたく、プロジェクトを発足するものである。

　　ミッション
　　　※コース制度を設け、学習成果「何ができるようになるか」の明確化
　　①スポーツ学生の学びのフィールドの根本的な見直し
　　②一般学生確保に向けた学びのフィールドの見直し
　　課題
　　①スポーツ学生が占める割合が6割に達するも、学びたい学問体系が編成されていない点
　　　（クラブ退部が退学につながる傾向が顕著である）
　　②一般学生（東濃地域）は圧倒的に少なく、高校生のニーズに応えられていない点
　　　（教育の質の担保が不十分、学習成果が不明瞭である）』

この「新しい経営学部」とは、現状の課題に対応するだけでなく、経営学部の学生の構成を変革し、真に社会で活躍し続けることのできる人財を育成するためのカリキュラムの作成を目指すものです。

その後、学内の様々な視点が反映されるように最大限の多様性（経営学部の教員4名、各部署の職員4名）を持った教職協働のプロジェクトチームが編成され、2023年9月に最終答申をまとめて終了するまで11ヶ月間活動しました。これらのメンバーは、学長をリーダーとし、学部長の筆者と、現教学IR室長補佐の大須賀元彦准教授（第8章担当）がサブリーダーとなり、これからの大学を支える若手や中堅と共に活動することによって、人財育成の場としても有効なものとなっていました。

2.3.1 新たなカリキュラムで目指す学習成果とは

まず着手したのは、経営学部における学習成果の定義を目指した現状分析です。その際には、本学の教育理念、教育政策の動向、市場の動向、経営学の専門分野が求める水準、学内のこれまでの意見やデータなどを総合的に検討し、議論を重ねました。

本学の教育理念については、第1章に述べられているとおり、様々な形で具体化されています。ここでの議論を通じて、大学共通の学びをカリキュラムにどのように位置づけるかという視点に立つこととなり、かかわったメンバーは、その共通理解を深めるとともに、これまでの本学の教育を振り返る機会となりました。

教育政策の動向としては、2022年5月に出された、内閣官房の教育未来創造会議の第一次提言において、未来を支える人物像として「好きなことを追求して高い専門性や技術力を身に付け、自分自身で課題を設定して、考えを深く掘り下げ、多様な人とコミュニケーションをとりながら、新たな価値やビジョンを創造し、社会課題の解決を図っていく人材」が挙げられています。この中で、経営学部に関連する人材育成の視点は、「予測不可能な時代に必要な文理の壁を超えた普遍的知識・能力を備えた人材育成」「デジタル、人工知能、グリーン（脱炭素化など）、農業、観光など科学技術や地域振興の成長分野をけん引する高度専門人材の育成」「一生涯、何度でも学び続ける意識、学びのモチベーションの涵養」「年齢、性別、地域等にかかわらず誰もが学び活躍できる環境整備」とされています。また、高等教育機関に対しては、社会における教育機会の提供を進めるため、外部組織（大学再編、産官学）とのさらなる連携の強化を求め、大学の教育プログラムへの参画を促しています。

また、2022年2月には、内閣府の総合科学技術・イノベーション会議から「地域中核・特色ある研究大学総合振興パッケージ」として、地域社会において地方創生に向けて大学のポテンシャル活用を行う取り組みを支援する仕組みも設けられました。さらに、この10月に施行された大学設置基準[1]においては、学位プログラムの3つのポリシーに基づく編成、学位プログラムを基礎とした内部質保証の取り組み、内部質保証による教育研究活動の不断の見直しが求められることが明確化されて、専任教員ではなく基幹教員となることで、先進的な取り組みを行う教員について、常勤ではなくとも算入できるように改められる等、大きな改正が行われ、大学はその特徴を

より先鋭化するように求められています。

　一方で、産業界からのニーズは、経済産業省 未来人材会議が2022年5月に提言した「未来人材ビジョン」の中で、デジタル化・脱炭素化という大きな構造変化を伴う次の社会を形づくる若い世代に求められる根源的な意識・行動面に至る能力として、以下の項目が挙げられています。「常識や前提にとらわれず、ゼロからイチを生み出す能力」「夢中を手放さず一つのことを掘り下げていく姿勢」「グローバルな社会課題を解決する意欲」「多様性を受容し他者と協働する能力」そして、これらを育成する仕組みとしては、「知識の習得」と「探究力の鍛錬」の2つを軸にした、「自ら育つ」という視点を重視した教育プログラム設計が示唆されています。さらに、デジタル人材育成は、ここ数年国策として急ピッチで進められており、2022年11月の経済産業省 商務情報政策局 情報技術利用促進課の「デジタル人材育成プラットフォームの取組状況について」によると、高等教育機関においては2024年度までに年17万人の人材育成体制の構築が計画されています。これらの教育政策の動向を共通の基盤として持ち、新たなカリキュラムに反映させることが求められました。

　市場の動向については、受験市場および就職市場の動向について調査しました。特に、就職市場においては、今後の求められる人材像として、専門性の高いスキルを持った人材やDX人材の需要が高まっていくと予測されています。また、不確実性の高い時代に突入した現代においては、起こったことに柔軟に対応できる「柔軟性」や「自立性」を持った人財を育成することの必要性が認識されました。

　経営学の専門分野が求める水準については、大学教育の分野別質保証のための教育課程編成上の参照基準（経営学）（2012）に示されており、『「営利・非営利のあらゆる継続的事業体がどのような論理で、どのように意思決定を行い、どのように行動しているか、そしてどのような結果になったかを理解し、説明することができるようになる」「その継続的事業体が直面している諸課題の構造を分析し、その諸問題に対してどのような行動をとることが最適であるかを、定量的・定性的に明らかにすることができる」「また、その最適な行動から継続的事業体が乖離することがあるとすれば、それは組織内のどのような要素に起因しているかを説明することができるようになる」』と定められており、獲得すべき基本的な知識と理解のレベルを、1．常識としての経営学の基本的知識と理解、2．職能担当者としての経営学の基本的知識と理解、3．専門職業人としての経営学の基本的知識と理解、4．社会洞察の一部としての経営学の基本的知識と理解、の4段階に分けて設定されています。

　学内の意見及びデータについては、経営学部の3つのポリシーに関連する学内の各種調査等（2021年度）では、以下の課題が明らかとなっていました。

　アドミッション・ポリシーに関しては、本学のビジョンである「地域における知の拠点の実現（東濃まるごとキャンパスの実現）」を提唱しているものの、東濃5市からの入学者数が約12％と著しく低いこと。また、女子学生の比率においてもその割合が約20％と他学科と比較し最小値であること。カリキュラム・ポリシーに関しては、経営学部の教員のコミュニケーション力（学生評価）は最も低く、地域研究採択数も0件にとどまっていること。さらに中途退学率は約7％と健

康栄養学科と並び最も高い数値であること。ディプロマ・ポリシーに関しては卒業と同時期に取得できる資格がないことが挙げられました。

一方で学生の「成長実感度」と「総合満足度」はそれぞれ99％と97％と極めて高く、「教員との距離が近く、相談しやすい」や「将来に役立つ様々なことが学べる」といった好意的な意見が見受けられ、「後輩への推奨度」は約70％と他学科と比較すると低いものの肯定的な評価が半数を超えていました。また実就職率に関しては、大学通信の調査で全国17位（商・経営系）にランクインしています。

以上のことから、3つのポリシーに関わる課題を克服し、強みを伸ばしていくためには、在学生及び教職員から教学等に関するデータや意見を収集し、分析するだけではなく、経営学部と関連のある企業や自治体といったサードパーティーの意見も適時集約し、持続的に学部運営に反映させることができる体制の構築が求められていることが確認されました。

これらを総合的に検討し、特に時代に求められる人財を育成するという視点に立って、目指すべき人財像を定め、学習成果を定義することとしました。

2.3.2　目指すべき人財像

前項での検討を経て、定められた目指すべき人財像は次のとおりです。

「変化することを恐れず、他者と協働しながら創意工夫して、新たな価値を創造できる人財」

この人財像から身につけるべき力を要点として、さらに具体的にしたものが次の5つです。

※人財育成の要点
①変化を恐れずに新たな環境の中に飛び込むマインドの構築
②課題発見から課題解決に向けた仮説を立て、深く考える力
③知識、技術を統合し、新たな価値を創造する力
④多様な価値観を受け入れ、他者と協働する力
⑤エシカルな行動ができる力

それをどのような環境で育成するかというのが、次の学びのフィールドです。

※学びのフィールド
・地域社会・産官学連携・他大学連携・総合型地域スポーツクラブ
・スポーツマネジメント
・データサイエンス、デジタルトランスフォーメーション（DX）
・アントレプレナーシップ
・地域創生

ここに示した目指すべき人財像は、「新たな経営学部」の目指すべき姿を示すものとして、課題を克服し、新たなカリキュラムの指針となるよう、定めたものです。

目指すべき人財像には、「環境が目まぐるしく変化する現代においては、変わらないことがリスクになり、変化に対応し、志を強くもって仲間とともに深く考え、実践し、他者に喜びをもたらし続けられる人財を育てるのだ」という、私たちの強い意志が込められています。また、人財

育成の要点には、5項目に分けて、目指すべき人財像が身につけるべきものが具体的に示されています。学びのフィールドは、学内だけでなく学外と積極的に関わり、実社会の問題に対して向き合い、実践の中での学びを重視する姿勢が込められています。

2.3.3 学習成果とディプロマ・ポリシー

目指すべき人財を育成する際のゴールとして、人財育成の要点の5項目をさらに具体的に展開することで、学習成果の定義を行いました。

学習成果は、目指すべき人財像を定めた後に、どのような能力要素や技術を持っていることが必要となるのか、メンバーのブレインストーミングにて意見の発散を行い、KJ法を用いてその集約を行いました。

集約を行う際に議論になったのは、卒業時に身につけているべき力がディプロマ・ポリシーであるとするならば、新たなカリキュラムの目指す教育は、より高い目標を持たなければ達成できないのではないかという観点です。目指すべき人財像として定義した人財を育成するためには、より高いレベルの人財育成目標が必要という認識に至りました。したがって、VUCAの学習成果（advanced）をより高い目標として設け、これを目指すカリキュラムを構築することで、4つの力の学習成果を身につけた人財を輩出できると考え、次頁の表2-1と表2-2には、4つの力の学習成果とVUCAの学習成果を並べて表記することで、その関係を明確にしています。また、表2-3には、育成すべきマインドを示しています。

表2-1は、育成すべき基本的な能力を示したものです。これらは、本学の建学の精神から導き出された4つの力と11の要素の構成要素のフレームワークに合わせて分類されました。内容は経営学部のディプロマ・ポリシーとして定義した、4つの力の学習成果（basic30）と、のちに述べるVUCAの学習成果（advanced10）から構成されています。

また、経営学部の専門的知識・技術力の学習成果としてまとめたものが表2-2です。

そして、これらの学習成果の定義から、これらを段階化して構成することにより、卒業時だけでなく各科目の達成目標として機能するように詳細化を行いました（表2-4）。

このディプロマ・ポリシーは本学の4つの力と経営、データサイエンス、専門的知識・技術力（SwingプログラムDP）、専門的知識・技術力（地域イノベーションDP）の8つから構成されています。それぞれの項目に対して4段階のレベルをつけており、これらが各科目の達成目標と紐づくように設計しています。どの項目のどのレベルと紐づくかについては、学部教員とのFD研修会を通じて設定して調整されました。

2.3.4 教育プログラムの特徴

教育プログラムは、2.2節で述べた課題を考慮し、大きく2つのプログラムをもって構成することとなりました。

1つは、スポーツの力で地域を活性化する「Sports Well-beingプログラム（以下Swingプログラム）」、もう一つが地域にイノベーションを起こし、活性化できる人財を育成する「地域イノベ

表 2-1 基本的な学習成果（basic30）と VUCA 時代の学習成果（advanced10）

DP		要素	4つの力の学習成果（basic30）	VUCAの学習成果（advanced10）
問題発見課題解決力	思考力	リフレクション力	・新聞、ニュース、インターネットから情報を収集し、社会の動きを把握できる。 ・自分を客観視して強みを活かし、弱点を克服するための努力ができる。 ・物事を俯瞰的に捉えて課題の改善をはかることができる。	・メタ認知力（客観的認識力） 自己認識：自分の強み弱みを、他者のフィードバックから正しく認識できる。 状況認知：自分が他者に与える受ける影響の範囲と強さを正しく認識できる。
		計画性	・行動目標を設定し、目標達成に向けた現状整理・計画立案ができる。 ・目標設定や計画立案を臨機応変に修正できる。 ・問題や課題に対して調査、分析し、論理的な解決策を見出すことができる。	・課題設定力、課題解決力 自分自身で課題やゴールを設定し、その先に何があるか深く考え解決に導くことができる。
		創造力	・多角的な観点から物事を考え、様々な気づきを得ることができる。 ・他者の考え方や知恵を取り入れ、新たな企画を提案することができる。 ・先を見通しながら物事を柔軟に考えることができる。	・価値創造力 常識や前提に捉われず、深く考え、ゼロからイチを生み出すことができる。
実践力	行動力	挑戦貫徹	・新たな物事に対して、進んで学び、挑戦することができる。 ・様々な状況において臨機応変に行動することができる。 ・困難な局面においてもレジリエンス力を高め、諦めずに行動することができる。	・変化即応力 環境の変化に常に対応し続けることができる。但し根拠と勇気に基づいて柔軟に変更することができる。
コミュニケーション力	コミュニケーション力	規律性	・場に相応しい礼儀作法が身に付いている。 ・ルールを守り、時間を有効に活用しながら、周囲に示すことができる。 ・様々な事柄について倫理観を持ち、正しく判断することができる。	
		傾聴力	・言語、準言語、非言語に注意しながら相手の話を理解することができる。 ・相手の考え、立場、個性などに共感しながら理解することができる。 ・話の要点を捉えながら集中して聞き、課題の克服に努めることができる。	
		表現力	・考えや意見を言語、非言語表現を活用して分かり易く伝えることができる。 ・要点を捉え、根拠に基づきながら、意見を論理立てて伝えることができる。 ・卒業論文やレポートの書き方を理解して、正しく作成することができる。	
		フレンドシップ力	・常に他者の言動や価値観の理解に努め、尊重できる。 ・集団内での自分の役割を認識し、状況に応じて協力できる。	・関係深化力とチームビルディング 自分らしさを持ちながら多様な人と接して受容し信頼関係を築いていくことができる。詳細への配慮

			・多様な環境に適応するために英語の基礎的なコミュニケーションができる。	と、大局も見据えチーム運営することができる。
地域貢献力	セルフモチベーション力	主体性	・責任感を持って率先して行動することができる。 ・組織や集団の目的、目標をメンバーに共有することができる。 ・目標に向かって周囲を支えながら、巻き込むことができる。	・オーセンティックリーダーシップ （エシカルな行動力）自分の役割を把握し尊重しながら、倫理観に基づいて、自分らしく最善の行動を重ねることができる。周囲の人の幸せのため、成功体験をメソッドとして伝え、受け入れられる。
		地域貢献	・他者や地域社会のために主体的に行動できる。 ・フィールドワークを通じ、地域住民と協働する事ができる。 ・地域の環境を理解し、その尊さと恒久的な持続への課題を把握している。	

表 2-2 専門的知識・技術力の学習成果と VUCA 時代の学習成果（advanced10）

要素	専門的知識・技術力（basic）	VUCA の学習成果（advanced10）
・経営 ・スポーツ ・データサイエンス ・地域イノベーション	・経営学とは何か、経営とは何かについて、それを専門としない者に説明できる。 ・特定の経営課題について、文献やデータを収集し、検討し、解決できる。 ・営利・非営利の継続的事業体の環境適応性について充分に理解し、説明できる。 ・継続的事業体を適切に組織化し、運営することができる。 ・組織における個人や集団を目標に向かって動機づけ、組織を活性化できる。 ・継続的事業体の資金の流れを把握し、経営活動の結果を貨幣的に測定できる。 ・顧客のニーズを把握し、顧客が満足する商品を開発することができる。 ・生産工程や流通過程を設計し、問題が発生したときに解決することができる。 ・デザイン思考によって課題を発見することができる。 ・スポーツに関する基礎的な態度・知識・スキルを理解している。 ・スポーツマンシップを身につけ、ふさわしい振る舞いができる。 ・スポーツに関する基礎的な態度・知識・スキルについて指導することができる。 ・スポーツを通じて成長するために必要な科学的知識を有している。 ・ICT の知識と技術を活用して情報発信を適切に行うことができる。 ・DS の手法に基づきデータ分析することができる。 ・DS の手法でデータ分析や可視化を行い、組織等の課題解決に資する提案ができる。 ・過疎化、少子高齢化、中心市街地の衰退等の地域課題の解決策を提案できる。 ・地域経済の発展に向けた新たな提案をすることができる。 ・フィールドワークを通じて自身の役割を理解して課題解決することができる。	・プロジェクトマネジメントスキル ジョブ型、短期成果獲得型ビジネスモデル対応ができる。 ・データードリブン型マーケティングスキル データから導き出される過去の事象に基づき、未来の変化を予見することができる。 ・短期戦略的ブランディング＆商品開発スキル 変化に対応して未来に必要なものを作り出すことができる。

表2-3 VUCA時代の学習成果（mind10）

		要素	VUCAの学習成果（mind10）
問題発見・課題解決力	思考力	トランスフォーメーション思考	未来を思い描く 30年先の未来を思い描き、未来の臨場感を持ちながら今を考える
			目的、未来起点で思考、行動 自身の向かう先をイメージしてから今何をすべきか考える
実践力	行動力	短期回収的創造性	アイデアを試す 「できる、できない」を考え過ぎないで機会があればアイデアを出し、試行して速くウーダループを動かし、気づきを得ようと考える
			いつもアップデート いつも自分自身に磨きをかけ、高め続けようと考える
コミュニケーション力	コミュニケーション力	多様性と協調性	自己効力感を求める 自分の思考や言動が周囲に良い影響を与えることで喜びを感じる
			自分のことより、人のこと 常に周囲を見渡し、フォローや知恵を与えることを考えている
			他者を理解して受け入れる 多様性を認識して、周りの人を積極的に理解して適切に関係する
			チーム意識、全体意識 自己都合や自分勝手を否定して、常にチーム全体の利益や効率を重視する
			EQ情況把握力 周囲の感情変化に敏感で効果的に働きかける
地域貢献力	セルフモチベーション力	360度評価に基づく自尊心形成	自己評価より360度評価 上司、先輩、同僚、部下、後輩、社外など、関わる人すべてに配慮する

表2-4 ディプロマ・ポリシーの詳細

目指すべき人財像 「変化することを恐れず、他者と協働しながら創意工夫して、新たな価値を創造できる人財」 　　　①変化を恐れずに新たな環境の中に飛び込むマインドの構築 　　　②課題発見から課題解決に向けた仮説を立て、深く考える力 　　　③知識、技術を統合し、新たな価値を創造する力 　　　④多様な価値観を受け入れ、他者と協働する力 　　　⑤エシカルな行動ができる力
A　コミュニケーション力
A-1・言語、準言語、非言語に注意しながら相手の話を理解すると共に、言語、準言語、非言語表現を活用して分かり易く伝えることができる。
A-2・他者の言動や価値観の理解に努め尊重しながら、集団内での自分の役割を認識し、状況に応じて協力できる。
A-3・自分らしさを持ちながら多様な人と接して受容し、信頼関係を築いていくことができる。
A-4・詳細への配慮と、大局も見据え組織マネジメントすることができる。
B　問題発見力・課題解決力
B-1・新聞、ニュース、インターネットから情報収集して社会の動向を把握できる。
B-2・自分の強み弱みを、他者のフィードバックから正しく認識できると共に、現状を整理し、目標設定、計画立案できる。
B-3・多角的な観点から物事を考え様々な気づきを得て、新たな企画を提案し、論理的な解決策を見出すことができる。
B-4・自分自身で課題やゴールを設定し、常識や前提に捉われず、その先に何があるか深く考え解決に導くことができる。
C　実践力
C-1・新たな物事に対して、進んで学び、挑戦することができる。
C-2・様々な状況において臨機応変に行動することができる。
C-3・環境の変化に対して根拠と勇気に基づいて柔軟に変更することができる。
C-4・困難な局面においてもレジリエンス力を高め、諦めずに行動することができる。
D　地域社会に貢献する力
D-1・責任感を持って率先して行動し、組織や集団の目的、目標をメンバーに共有することができる。
D-2・自分の役割を把握し尊重しながら、倫理観に基づいて、自分らしく最善の行動を重ねることができる。
D-3・他者や地域社会のために主体的に行動し、地域の置かれた状況を理解し、地域住民と協働することができる。
D-4・周囲の人の幸せのため、成功体験をメソッドとして伝えられる。
E　経営
E-1・経営学とは何か、経営とは何かについて、それを専門としない者に説明できる。
E-2・特定の経営課題について、経営学の知識を活用して、文献やデータを収集し、検討し、解決できる。
E-3・組織における個人や集団を目標に向かって動機づけ、適切に組織化し、運営することができる。
E-4・データから導き出される過去の事象に基づき、未来の変化を予見するとともに、それに対応することができる。
F　データサイエンス
F-1・データサイエンスの学習に必要な基礎的な数学や情報のスキルを活用できる。
F-2・データ分析の基礎的な手法を理解し、様々な情報ツールを使いこなすことができる。
F-3・より複雑なデータ分析手法を理解し、それらを活用して具体的な問題を解決できる。
F-4・学習したデータサイエンスの知識と技術を実際のプロジェクトへ適用し、現実社会に貢献できる。

G　専門的知識・技術力（Swing プログラム DP）	
G-1・スポーツマンシップを理解し、変化を恐れずに新たな環境の中に飛び込むマインドを持っている。	
G-2・スポーツを通じて、多様な価値観を受け入れ、他者と協働できる力を身に付け、社会貢献できる力として応用できる。	
G-3・自らの体験から課題を発見し、新たな実践において課題解決に向けて行動し、深く振り返ることができる。	
G-4・スポーツに関する知識、技術を身につけ、スポーツの新たな可能性を地域の活性化と結びつけて創造できる。	
H　専門的知識・技術力（地域イノベーションプログラム DP）	
H-1・地域の実課題を理論的に理解することができる。	
H-2・地域の実課題の解決に向けて学外の関係組織と主体的に協働できる。	
H-3・地域イノベーションの知見から具体的な解決策を立案し、失敗を恐れずに実践できる。	
H-4・地域イノベーションに必要な知識と技術を活用し、新たな価値を創造することができる。	

ーションプログラム」です。

(1) Swing（Sports Well-being）プログラムとは

　Swing プログラムは、スポーツで培ってきた高等学校までの体験をベースとして、大学ではスポーツを教材としながら、体験してきたことに知識や技術を結び付けながら、ビジネスについても理解を深めることで、将来、現実的にスポーツに関わりつづけ、夢を追い続けられる学生を育成するプログラムです。

　このプログラムの学びは、特徴的な２つの小プログラムをもって構成されています。

　一つは、スポーツ指導者を目指すプログラムです。これは、日本スポーツ協会の公認スポーツ指導者資格を取得し、現在、社会的課題ともなっている初等・中等教育における部活動の指導者となることを目指します。在学中にも、中京学院大学スポーツクラブを通じ、地元中学校への派遣により経験を積むことで、実践を通じて身に着けていく計画です。

　もう一つは、スポーツ・ツーリズムを通じた地域活性化を目指すプログラムです。こちらは、学内スポーツイベントの企画・運営からはじまり、外部との連携スポーツイベントの企画・運営、地域活性化に繋がるスポーツイベントを主催するところまでを学生の力で造り上げ、外部から人を呼び地域を活性化する仕組みを作る過程の中で、プロジェクト・マネジメントの手法や、オーセンティックリーダーシップ等を身に着けることを目的としたプログラムとして設定されました。

　他の科目の学びとしては、スポーツを教材にしながら、VUCA の時代に必要なマインドの育成に重点を置き、ビジネスに必要な知識・技術の習得に結びつけるデザインとなっています。

(2) 地域イノベーションプログラムとは

　地域イノベーションプログラムは、地方の地域にイノベーションを起こせる人財の育成を目標にしています。1、2年次では地域イノベーションに関する動機付け及び知識と技術の習得を目指します。コース共通のプログラムとして「経営学の基礎的な学びと発展的な学び」、地域イノベーションプログラム独自の学びとして「地域イノベーションに関する基礎的な学びと発展的な

学び」を展開します。起業を志す学生には実務家教員による「実践的なアントレプレナーシップ教育」も提供し、インターンシップの参加を義務づけます。

1年次から行う「リサーチプロジェクトA・B」ではアカデミックスキルの習得と共にフィールドワークを行うことで地域の実課題を知り、その解決策を検討し、その成果を報告する機会を早期に創出します。さらにイノベーションに必要不可欠な知識と技術の習得の場として文部科学省の基準に準じた「データサイエンス教育」を設定しています。3、4年次では地域イノベーションに関するアイデアの具現化を試み、「地域イノベーションプロジェクトⅠ・Ⅱ」で産官といった学外組織と連携し、東濃地域の実課題の解決に資するプロジェクトの立案をし、その成果の報告を行うプログラムとして計画しています。

また、これらを学ぶための基礎となる共通のプログラムとして、カリキュラムに取り込んだのは、経営学部として日本初の取り組みであるドローンⅠ〜Ⅳや、自己表現能力を育成するためのセルフプロデュースA・B、文章表現能力を育成するためのリサーチプロジェクトA・B、地域のプロモーションを通じて、課題発見能力を高める地域プロデュースA・Bなどです。

新たなカリキュラムの全体像を表2-5に示します。

2.4 現状と今後の見通し

2024年4月から新たなカリキュラムが始まりましたが、答申から半年後のスタートであり、時間的制約にも縛られながら、学部教員一丸となり、創意工夫を重ねながら取り組んでいます。

2.4.1 走り出したカリキュラム

2023年9月に最終答申として新カリキュラムの導入が決定しました。ここから半年で実施にむけて内容を詰め、新入生を迎え入れなければならない状況でした。

まずは、担当者する教員が科目の内容について充分な理解をしなければなりません。カリキュラムの達成目標については、カリキュラムを作成した時点でカリキュラムマップとして作成していたため、各科目で行うべき科目概要を示し、その能力を育成するための教育方法や内容について担当者に検討してもらいました。担当についても、教員が一人で担当するのではなく、できる限り複数で担当してもらうことで、より幅広い視野・視座をもって科目内容が検討されるようにアナウンスして、各科目に複数名の担当で検討を行うことができました。

多くの科目で複数の教員で担当する仕組みをつくり、いよいよ2024年度4月より、この新しいカリキュラムが始まりました。

個々の取り組みについては、この後に章を割いて紹介します。

第3章では、新カリキュラムにおいて重要な役割を果たすであろうドローンの可能性と本学の取り組みについて説明を行います。

第4章では、全学的な取り組みとして行っている初年次基礎教育の改革と実践例について報告します。

表 2-5　新カリキュラム　カリキュラムツリー

			1年次		2年次	
			前期	後期	前期	後期
教養科目	中京学院コア科目		セルフプロデュースA	セルフプロデュースB	地域プロデュースA	地域プロデュースB
			リサーチプロジェクトA	リサーチプロジェクトB	アクティブ チャイルド プログラムⅡ	
				アクティブ チャイルド プログラムⅠ		
	言語科目		イングリッシュコミュニケーションA	イングリッシュコミュニケーションB	イングリッシュコミュニケーションC	イングリッシュコミュニケーションD
			日本語コミュニケーションA	日本語コミュニケーションB	日本語コミュニケーションC	日本語コミュニケーションD
	STEAM科目	STEAM基礎	えきべんA	えきべんB		
		人文・社会科学	スポーツの理論と実践	スポーツと健康	コーチング論Ⅰ	コーチング論Ⅱ
			地域貢献Ⅰ	地域貢献Ⅱ	地域貢献Ⅲ	地域貢献Ⅳ
			SDGs入門	地政学	地方自治論	国際関係論
			社会道徳と倫理		ロジカルシンキング	
		自然科学	データサイエンスのための統計学の基礎	データサイエンスのための数学の基礎	地球科学	自然と生態系
		データサイエンス基礎	ドローンⅠ	ドローンⅡ	ドローンⅢ	ドローンⅣ
			情報リテラシーⅠ	データサイエンス入門		
			情報リテラシーⅡ	データベース		
	教養特別科目		教養特別講義A	教養特別講義B	教養特別講義C	教養特別講義D
キャリア科目	キャリア科目			ボランティア	インターンシップA	インターンシップB
				職業人としての倫理学	経営者ワークショップ	
	キャリア特別科目		キャリア特別講義A	キャリア特別講義B	キャリア特別講義C	キャリア特別講義D
	バックアップ科目		ビジネス数学検定対策講座	MOS対策講座	TOEIC対策講座	日本語能力試験対策講座
専門教育科目	経営学		経営学部の学び方	ビジネスをしくみで考える	経営学と経営史	ビジネスゲームで学ぶ経営
	商学				マーケティング論	流通のしくみ
	会計学			個人資産の管理	プロジェクト運営の会計	財務諸表論
	経済学				経済学	日本と世界の経済
	データサイエンス応用				データサイエンス基礎	はじめての多変量解析
					ドローンプログラミング	プログラミング
	SWING 地域イノベーション共通			地域活性化とツーリズム	環境政策	イベントクリエーション
				社会調査の方法	地域政策	社会福祉政策
						NPO論
						リーダーシップ論
	SWING				学内スポーツイベントA	学内スポーツイベントB
					スポーツツーリズム論	
	地域イノベーション		アントレプレナーシップ入門		地域イノベーション入門A	地域イノベーション入門B
					アントレプレナーシップ応用	
	専門演習科目	SWING				
		地域イノベ				
		演習科目				
		卒業研究				
	専門特別科目					

3年次		4年次	
前期	後期	前期	後期
イングリッシュプロジェクト			
日本語プロジェクト			
ジュニアスポーツコーチング論			
社会心理学			
就業力ゼミⅠ	就業力ゼミⅡ		
公務員対策講座	リテールマーケティング講座	簿記	1等無人航空機操縦士
経営組織と経営行動	働くための法律と働き方		
経営戦略と意思決定	経営DX論		
ビジネスのための法律			
管理会計論	企業会計の実践	経営分析	
	金融のしくみ		
AI・ディープラーニング	データサイエンス実践		
イベントプロモーション	イベントリフレクション		
外部連携スポーツイベントA	外部連携スポーツイベントB	地域活性化スポーツイベントA	地域活性化スポーツイベントB
地域イノベーション応用A	地域イノベーション応用B	地域イノベーションプロジェクトA	地域イノベーションプロジェクトB
専門テーマゼミA	専門テーマゼミB	専門卒業研究A	専門卒業研究B
			卒業論文・制作
専門特別講義A	専門特別講義B	専門特別講義C	専門特別講義D

第5章では、経営学部の２年次カリキュラムとして実践されている、地域課題解決を行うプロジェクト・ベースド・ラーニング（PBL）の取り組みを紹介します。

　第6章では、近年、子どもたちの体力低下が懸念されている中で、本学が取り組んでいるアクティブ チャイルド プログラムについて紹介します。

　第7章では、全学的な取り組みであるが、地域スポーツクラブとして立ち上げた「中京学院大学クラブ」について、その経緯と取り組みについて紹介します。

　第8章では、教学IR室が中心となって進めている大学間交流事業についての実践的な取り組みについて紹介します。

　第9章では、地域の行政や企業との連携した取り組みである域学連携についてその位置づけや実践例について紹介します。

　第10章では、高大連携の取り組みについて、経営学部で行っている講座の実践を中心に紹介します。

　第11章では、経営学部として継続的に実施しているボランティア活動の位置づけと実践の状況について説明します。

　第12章では、経営学部で行われてきた多文化共生推進につながる教育について紹介します。

2.4.2　今後の実施に向けて

　この新たなカリキュラムは、我々教員にとっても、新たな試みばかりであり、現在でも教授会の度にFD研修会を行い、共通認識を持つとともに、具体的な課題に対して対応しています。3年次以降の教育内容の詳細については、外部連携が不可欠であり、未だ見通しが立っていない部分もあることは確かです。しかし、新たな学びに取り組んでいる学生は、活き活きとしており、旧カリキュラムとは違う手ごたえを我々も大いに感じています。そのことが、新たな教育改革への挑戦を行うモチベーションとなっています。

　カリキュラムは人を育てるための計画書であり、仮説に基づいて理想の人財を育成するための手引きとも言えます。目まぐるしく変わる社会環境、学生からの要望等、様々な状況を把握しながら、改訂を重ね、停滞することなく取り組んでいきます。

注
１）文部科学省省令第三十四号 大学設置基準等の一部を改正する省令, https://www.mext.go.jp/content/20220930-mxt_daigakuc01-000025195_02.pdf（2024年9月25日アクセス）

参考文献
教育未来創造会議（2022）『我が国の未来をけん引する大学等と社会の在り方について（第一次提言）』, https://www.cas.go.jp/jp/seisaku/kyouikumirai/pdf/ikkatsu_dl.pdf（2024年9月12日アクセス）
経済産業省（2022）『未来人材ビジョン』, https://www.meti.go.jp/press/2022/05/20220531001/20220531001-1.pdf（2024年9月12日アクセス）
経済産業省 商務情報政策局 情報技術利用促進課（2022）『デジタル人材育成プラットフォームの取組状況に

ついて』, https://www.meti.go.jp/shingikai/mono_info_service/digital_jinzai/pdf/006_03_00.pdf（2024年9月25日アクセス）

総合科学技術・イノベーション会議（2022）『地域中核・特色ある研究大学総合振興パッケージ』, https://www8.cao.go.jp/cstp/output/kenkyudai_pkg_p.pdf（2024年9月25日アクセス）

大学通信ONLINE『2022年学部系統別実就職率ランキング（商・経営系）』, https://univ-online.com/article/career/20731/（2024年9月25日アクセス）

日本学術会議（2012）『大学教育の分野別質保証のための教育課程編成上の参照基準 【経営学分野】』, https://www.scj.go.jp/ja/info/kohyo/pdf/kohyo-22-h157.pdf（2024年9月12日アクセス）

第3章　未来を拓くドローン教育の実践
―大学教育と地域活性化への貢献―

大塚健司
熊本　淳

3.1　はじめに

　近年、ドローン技術は目覚ましい進歩を遂げ、さまざまな分野で活用され始めており、農業、物流、災害対策、インフラ点検など、その可能性は無限大と言われています。国においては官民協議会を設立し、ドローンに関する政府の取り組みを工程表としてとりまとめた「空の産業革命に向けたロードマップ」を策定・公表し、ドローンがより効果的に社会に貢献する未来を実現させることとしています。大学教育においても、今後、ドローン教育は重要な役割を担っていくことが予想され、ドローン操縦技術、ドローン工学、ドローンデータ分析、ドローンビジネスなど、さまざまな分野の人財育成が求められることとなります。さらに、ドローン技術の進歩は単に産業の進展に貢献するにとどまらず、地域産業への導入、地域課題の解決、地域人財の育成、地域経済の活性化など、ドローンが地域社会に活力を与える存在となることはまちがいありません。

　中京学院大学（以下、本学）においても、2024年度から経営学部のカリキュラムにドローン教育を取り入れ、身近になるドローンを活用できる人財の育成に取り組み始めたところです。そこで、この章ではドローン技術の現状と未来展望、地域の活性化への貢献可能性についてまとめ、本学が目指すドローン活用人財の育成について述べます。

　なお、ドローンは UAV（Unmanned Aerial Vehicle）ともいわれ、航空法に規定される無人航空機のことを指すことが一般ですが、ここでは屋内用の小さなものから人が乗ることのできる大きなものまで、広義のドローンについて扱うこととします。

3.2　ドローン技術の現状と未来展望

　本学の2024年度から始まった新しいカリキュラムでは、経営学的視点を生かしながら、地域の課題を解決することに重点を置いています。これらの科目の多くはPBL形式で行うことが想定されています。一方で、地域課題の解決策を模索する際に必要となる知識や技術を学ぶ講義も並行して実施されます。ドローンに関連する科目もこれらの講義の一部になりますが、なぜドローン技術を学ぶことが地域課題解決に結びつくのでしょうか。本学でのドローン教育への取り組みを紹介する前に、この節ではドローン技術の現状と今後どのような分野での活用が期待されているかについてまとめておきます。

3.2.1 ドローン技術の現状

　ドローンの飛行性能は、飛距離、速度、滞空時間などにおいて年々向上しています。近年では、数千メートル飛行可能なドローンや、時速100キロメートルを超えるドローンも開発されており、活用範囲はどんどん広がっていくと言えます。しかし、長距離飛行が可能なドローンの開発により、残念ながら軍事目的にも利用され始めている現実もあり、適用分野の規制など、国際基準の制定も急ぐ必要があります。また、搭載機器も多様化しており、カメラ、レーダー、センサー、スピーカーなど、さまざまな機器を搭載することで、さまざまな情報を収集・発信することが可能となっています。

　さらに、操縦技術も進歩しており、自動操縦やAIによる制御も可能になっており、2022年12月には日本国内でもドローンの免許制度が始まり、レベル4飛行[1]も可能となっています。

◆レベル4飛行の実現◆

　2022年12月、改正航空法が施行され、ドローンの「有人地帯上空での補助者なし目視外飛行」（レベル4飛行）が実現することとなりました。

　ドローンの飛行は目視内での操縦飛行（レベル1）〜無人地帯での目視外・補助者なしの飛行（レベル3）は許されていましたが、有人地帯での目視外・補助者なしの飛行は禁じられていました。

　レベル4では有人地帯で目視外・補助者なしの飛行が可能になるため、物流の分野での活用やドローンタクシーの実用化、ドローン遊覧の実現など、さまざまな分野でのドローンの活用が期待されています。

　また、テクノロジーの分野では無数に飛び交うドローンを制御する管制システムやドローン本体の自動制御システム、異常を検知するシステムの開発や、ドローンで撮影した画像を自動識別するAIシステムの開発などが期待されています。

3.2.2 様々な分野での活用

　ドローンは、農業、物流、災害対策、インフラ点検など、さまざまな分野で活用されはじめています。ここでは、活用の現状と今後の社会に与える影響を整理します。

(1) 農業

　農業では、農薬散布、収穫作業、生育状況の確認などに活用されています。

　ドローンによる農薬散布は、従来の地上散布からラジコンヘリコプターの利用による空中散布に移り、ドローンの登場により、より作業効率の高い空中散布が可能になっています。また、果実の収穫作業を行う空飛ぶ自立型収穫ロボットとも言えるドローンも登場しており、人手不足解消への貢献が期待されています。さらに、ドローンにはカメラやセンサーが搭載できることから上空からの生育状況の確認が可能となり、効率的な施肥や適切な収穫時期の把握などにつながっており、農作物の品質向上や経営効率の向上につながっています。

(2) 物流

　物流では、荷物の配送、倉庫管理などへの活用が期待されています。

　ドローンの自動運転による荷物の配送は、まだ実用段階とは言えませんが、通販会社やコンビ

ニ、日本郵便などで様々な実証実験が行われており、従来の配送方法に比べて時間短縮とコスト削減が可能になります。ドローンによる配送が普及することで、物流業界は大きく変革する可能性があります。ドローンによる物流は地上交通の渋滞を回避し、最短距離で飛行できるため、時間短縮とコスト削減が可能となります。特に、山間部や離島などへの配送は従来の配送方法に比べて迅速な対応が可能となり、物流の分野での地域間格差の是正を図ることができます。また、医療物資の配送は、高齢者や障がい者の生活支援などに活用でき、医療格差の是正や社会福祉の向上が期待できます。

ドローンによる在庫管理、倉庫内の商品の移動、倉庫内の監視など、倉庫管理への活用も始まっています。軽量のカメラやセンサーを搭載したドローンを閉ざされた空間である倉庫内を素早く飛び回らせることで、倉庫管理の効率化を図る企業も出始めています。

(3) 災害対策

災害対策では、被災状況の確認、捜索・救助活動、情報共有などに活用されています。

近年多発している大規模地震や豪雨災害の際、被災地への道路も被災し地上からの状況確認が困難なことが多くあり、ドローンによる被災状況の確認は、迅速な復旧計画の立案にも役立っています。最近では2024年（令和6年）能登半島地震の際、発災の翌日には無人航空機の飛行を原則禁止する措置（緊急用務空域の指定）を取ることで一般のドローンの飛行を規制したうえで、国や地方自治体から要請を受けた事業者がドローンを飛行させ、ドローンによる状況確認などの活動が行われたことは記憶に新しいところです。

また、ドローンによる捜索活動は、地上からの捜索を補完するものとして、災害時のみならず行方不明者の捜索などにも活用されており、人命救助への貢献が期待されています。ドローンから送られてくる現場の映像などの情報をリアルタイムに災害対策本部会議などで共有することで、迅速な意思決定に役立っています。

(4) インフラ点検

インフラ点検の分野では、橋梁、高層ビル、送電線などの点検に活用されています。

橋梁や高層ビルの点検の際、従来は足場を組んだうえで作業員が直接点検作業を行うことが必要でしたが、ドローンによるインフラ点検では足場は不要であり、作業員が高所で作業する必要もなく、コスト面、安全面でも優れていると言えます。そのうえ、ドローンに搭載するカメラ性能の向上やAI技術の活用による映像の解析技術の向上などにより、従来の点検方法に比べて効率的な点検作業が行えるようになりました。

(5) 空飛ぶタクシー

ドローンを利用した空飛ぶタクシーが実現すれば、交通渋滞や交通事故を減らすことができる可能性があります。近年、自動車の分野でも自動運転システムは進歩を続けていますが、ドローンによる空飛ぶタクシーは、自動運転、管制システムによる運航制御が前提となるため、渋滞や事故のないスムーズな運行を行うことができます。空飛ぶタクシーが普及することで、地上の交通量が減ることも期待でき、交通渋滞や交通事故の発生リスクの低減も期待できます。

3.3 中京学院大学におけるドローン教育

近年のドローンの各分野への進出や需要の高まりは、大学教育にも影響を与えており、工学的分野での技術開発だけでなく、操縦技術に関する教育、ドローンを活用した地域貢献のできる人財育成など、様々な分野での教育が始まっています。特に、理工系の学部であれば、ドローンの設計や性能に関する「ドローン工学」、ドローンで撮影した画像や動画及び飛行データなどから情報を分析する「ドローンデータ分析」などが教育に取り入れられることが想定されます。

本学の2024年度から始まったカリキュラムでは、1、2年次でドローンの操作技術を学び、3、4年次でドローンを活用した地域貢献について、提案・実践していくことも可能になります。これほど多くの科目でドローンを活用するカリキュラムは、人文社会系の学部では例の少ない取り組みとなります。この節では本学のドローン教育について、1、2年次で行う操作技術に関する授業について概要を紹介します。

3.3.1 ドローン教育の導入における課題

本学のカリキュラムにドローン教育を導入するにあたって、大きく2つの課題がありました。ひとつは教員不足の問題です。ドローンは専門性の高い技術であり、教員の専門知識が不足していると質の高い教育を提供することができません。ドローンに関する教育は新しい分野であり、知識のある教員はまだまだ少なく、大学では、専門知識を持つ教員を育成する必要があります。

もうひとつの課題は機体や施設の不足です。ドローン操縦の実習を行うためには、ドローン本体や操縦シミュレーターなどの設備が必要となり、また、ドローンに関する教材も十分であるとは言えません。ドローン教育をカリキュラムに取り入れるためには、まず設備や教材を充実させる必要があります。

これらの課題を克服するために、本学では次の項に紹介するような実施体制の整備を行い、円滑な授業の実施に努めています。

3.3.2 ドローン授業の実施体制

2024年度から始まったカリキュラムでは、1年次前期から2年次後期にかけてドローンⅠ、ドローンⅡ、ドローンⅢ、ドローンⅣの4つの段階的な授業が行われ、初めてドローンに触れる学生でも、国家資格である二等無人航空機操縦士の取得を目指すことができます。さらに、一等無人航空機操縦士の取得を希望する学生に対して、授業外でのサポート体制を整えていきます。

本学のドローン授業は、ドローンスクールの運営を含むさまざまなドローン事業を展開する株式会社ROBOZと共同で行っています。特に、実際に学生がドローンを操作する実技の授業を行う際に、2024年度の受講生1クラス当たり36～37人に対してROBOZのスタッフ5名程度が講師として参加し、分担して学生の操縦をサポートしています。ドローンの授業に関わる本学教員4名もドローンの民間資格を取得し、授業のサポートを行っています。これにより、前の項に挙げ

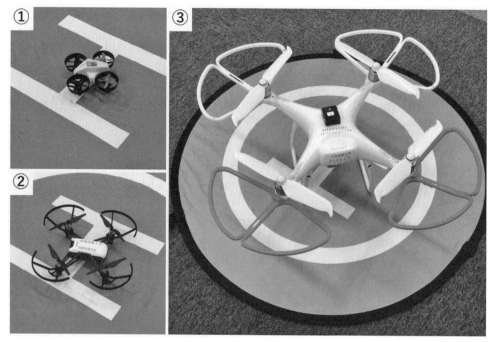

図 3-1　本学で使用しているドローン機体

たような教員不足の問題を解決しました。

また、前項に挙げたもうひとつの課題である機体や施設などのリソース不足の問題にも対策を行っています。ドローンをカリキュラムに取り入れるにあたり、大学でさまざまなドローンを購入し授業などで活用できるようにしています。授業で多くの機体を同時に使用する際に、バッテリーや備品の不足が予想される場合には、ROBOZ の備品を貸し出してもらうことで、授業を円滑に行うことができています。教材に関しても、ROBOZ が使用している教材を活用して授業を行っています。

図 3-1 は実際に本学で使用している機体の写真です。図 3-1 内の①の写真は室内用の小型トイドローンで、授業ではドローンの操作方法に慣れるために最初に使う機体です。②の機体も室内用のドローンですが、①の機体よりも大きく、カメラを内蔵しています。操縦者が実際に機体を見ることなく、ドローンから送られてくる映像だけを頼りに操縦する目視外飛行の練習を行うことが可能です。また、この機体はプログラミングによる操作も可能になっています。③は屋外で使用する Phantom というドローンです。カメラも内蔵しており、空撮映像の撮影も可能です。高価な機体ですが、本学では Phantom を 5 台購入し、授業などで活用しています。

3.3.3　ドローン授業の内容

ここでは、本学でのドローン授業について紹介します。ドローンⅠは必修科目となっており、全ての 1 年次の学生が受講し、ドローンの基礎知識に関する講義から始め、ドローンの役割、さまざまなドローンの操縦体験、空撮映像の編集など幅広く学修します（表 3-1 参照）。特にドロー

表 3-1 2024年度「ドローンⅠ」の実施スケジュール

	実施日	内容
第1回	2024年4月11日	講義：イントロダクション、ドローン基礎①
第2回	2024年4月18日	実技：トイドローン操縦体験
第3回	2024年4月25日	講義：ドローン基礎②
第4回	2024年5月9日	実技：プログラミングドローン操縦体験
第5回	2024年5月16日	講義：SDGsとドローンの役割①
第6回	2024年5月23日	実技：ドローンレース体験
第7回	2024年5月30日	講義：SDGsとドローンの役割②
第8回	2024年6月6日	実技：屋外ドローン操縦体験①
第9回	2024年6月13日	講義：SDGsとドローンの役割③
第10回	2024年6月20日	実技：屋外ドローン操縦体験②
第11回	2024年6月27日	講義：ドローン空撮映像編集①
第12回	2024年7月4日	実技：屋外ドローン操縦体験③
第13回	2024年7月11日	講義：ドローン空撮映像編集②
第14回	2024年7月18日	実技：ドローン操縦総まとめ
第15回	2024年8月1日	講義：映像発表会、ドローンショー

出典：本学シラバスより筆者作成

図 3-2　2024年度「ドローンⅠ」の授業風景

ン操縦体験では、室内用の小型トイドローンで操縦に慣れてもらうことから始め、最終的には屋外で空撮などに使われるドローン、Phantom の操作を行います。このドローンは資格取得の際に実技試験でも使えるドローンになっており、資格取得に向けて早い段階から操縦に慣れることができます。図 3-2 は学生が授業で実際にドローンを操縦している様子です。

ドローンⅡ以降の科目は選択科目となっており、ドローンⅠを学び、資格取得を目指す学生を対象としています。ドローンⅡでは株式会社 ROBOZ の認定しているドローンの民間資格取得を目指します。ドローンの資格取得には筆記試験と実技試験の合格が必要となるため、それぞれの試験対策を念頭に授業を行っていきます（表 3-2 参照）。民間資格を取得すれば一定の条件を満た

表3-2　2024年度「ドローンⅡ」の実施スケジュール

	実施日	内容
第1回	2024年10月3日	講義：イントロダクション、法律と規則①
第2回	2024年10月3日	実技：飛行訓練①
第3回	2024年10月17日	講義：法律と規則②
第4回	2024年10月17日	実技：飛行訓練②
第5回	2024年10月31日	講義：法律と規則③
第6回	2024年10月31日	実技：飛行訓練③
第7回	2024年11月14日	講義：機体と自然現象
第8回	2024年11月14日	実技：飛行訓練④
第9回	2024年11月28日	講義：電波と安全確認
第10回	2024年11月28日	実技：飛行訓練⑤
第11回	2024年12月5日	講義：模擬座学試験①
第12回	2024年12月5日	実技：模擬飛行試験
第13回	2024年12月19日	講義：模擬座学試験②
第14回	2024年12月19日	実技：飛行試験実施
第15回	2025年1月9日	講義：座学試験実施、ドローンⅢ導入

出典：本学シラバスより筆者作成

せば屋外でドローンを操縦することができます。

　ドローンⅢ、ドローンⅣの授業では、さらに上位の資格になる二等無人航空機操縦士の取得を目指します。この資格は国家資格となっており、この資格を取得することで、民間資格よりも飛行制限が緩和されます。今後、ドローンに関する法整備が進められていく中で、この資格の重要性が増していくことが予想されます。また、資格取得のための実技試験を学内で行えるよう、調整を行っています。

3.4　ドローンを活用した「地域イノベーション」

　1、2年次でドローンの操作技術を習得した後、それらの技術を活用して地域の実課題を解決していくことも考えています。3、4年次で開講される「地域イノベーション応用」「地域イノベーションプロジェクト」といった科目では、地域にイノベーションを起こすことを目指してゼミ単位で研究を行っていきます。ゼミごとに決まったテーマに沿って研究を行い、各学生は卒業論文を執筆していく予定になっています。1、2年次の講義でドローンに興味を持った一部の学生が「地域イノベーション応用」「地域イノベーションプロジェクト」で、ドローンを活用した地域活性化をテーマに活動・研究を行うことを見込んでいます。

3.4.1　ドローンを活用した地域活性化に向けた事例

　ドローンを活用した「地域イノベーション」とはどのようなものが考えられるか、実際にいく

つかの自治体で行われている地域活性化に向けた事例をはじめに紹介します。

(1) 千葉市での宅配サービス

千葉市では、東京湾臨海部の物流倉庫から、ドローンにより海上や河川の上空を飛行し、幕張新都心内の超高層マンション各戸へ生活必需品や医薬品（処方薬を含む）等を配送するドローン宅配構想を掲げ、その実現に向けてこれまで各種実証実験に取り組んでいます（千葉市Webサイト「ドローン」）。

千葉市では2016年の国家戦略特区の指定以来、段階的に実証実験を重ねており、2023年の実験では「ドローン及び地上配送ロボット連携によるマンション個宅への無人配送」を成功させています。

(2) あきる野市でのドローンの活用促進

東京都あきる野市では2016年に民間企業と「ドローンの安全かつ有効な活用促進に向けた合意書」を締結し、ドローンの安全な飛行に資する研修及び普及啓発や、農林業など各種分野におけるドローンを活用した調査及び研修などを進めています（あきる野市Webサイト「これまでのドローンの取組み」）。

具体的には、「孤立想定地域での災害対策ドローンを活用した物資搬送実証実験」として電波が通じない地域での完全自立飛行、「あきる野市総合防災訓練」でドローンを用いた避難者の発見、「あきる野フィルムコミッション」での空撮映像の公開、「ドローンを活用した野生鳥獣の生息状況把握及び農作物被害防止方策等に関する研究」の推進など、様々な分野でドローンの活用に着手しています。

(3) 恵那市でのドローンを活用したまちづくり

岐阜県恵那市では県内の他地域にあったドローン関連企業を市内上矢作町に誘致し、「ドローンのまち上矢作」を標榜してドローンを活用したまちづくりを進めています。具体的には小学生限定の「プログラミングドローンレース」を開催して、初心者でもドローンを飛ばすことができるイベントを開催し、プログラミングを学びながらドローンを飛ばす企画で、ドローンとプログラミング教育を融合させた新しい取り組みも行われています。そのほか、「ドローン空撮大会」を実施して全国から空撮マニアを集めて上矢作町のプロモーションビデオの制作を競うイベントを開催するなど、ドローンを核とした集客や市のプロモーションを行う取り組みをはじめています。

これらの事例を参考に、中津川市において同様の取り組みができるか、検討・提案するような卒業研究を行っても良いかもしれません。

3.4.2 ドローンを活用した「地域イノベーション」のテーマ案

前項で紹介した事例以外にもドローンは、農業、漁業、林業、観光など、地域産業の各分野で導入が進みつつあります。そして、単に産業支援の道具だけでなく、産業と地域振興を融合した活用を進めることで各産業の振興とともに地域全体に活力を注ぎ込む原動力となることが期待できると言えます。これらの視点から地域イノベーションの研究テーマとして、以下のような課題

設定をすることができるでしょう。

(1) 地域産業

　地域イノベーションのテーマとして、まず考えられるのは、中津川市での農業や林業へのドローンの活用を検討・提案することです。農業の面では農薬散布、収穫作業、生育状況の確認に活用することで、農作業を効率化することができます。林業の面ではドローンによる森林調査、伐採作業など林業作業の効率化、安全性の向上への貢献が考えられます。このようにして、作業の負担が軽減されることにより、人手不足の解消や新規就農の促進にもつながることが期待されます。これにより地元産業に貢献することで、地域活性化につなげることができます。

(2) 観光

　観光分野にドローンを活用することを地域イノベーションのテーマにすることもできるかもしれません。本学経営学部が位置する中津川市では観光産業に力を入れています。ドローンによる空撮映像の活用は、観光地の魅力発信、観光客誘致、地域経済の活性化に貢献しつつありますが、さらにドローンのメリットを活用することで地域の活性化が期待できます。例えば、ドローンで撮影した迫力のある空撮映像を活用することで、従来とは異なる視点からの観光体験を提供することができます。ドローンを使って、地上からは見えない場所や角度から観光資源を撮影しSNSで発信、新たな魅力を開拓するという研究テーマも考えられます。

　また、ドローンレースやドローンショーなどのイベントの開催も観光客の呼び込みに結び付くかもしれません。このようなイベントを企画したり、経営学的視点から地域へのメリットを検証したりすることも卒業研究のテーマにふさわしいでしょう。

(3) 社会問題

　ドローンを活用して社会問題の解決策を提案することも地域イノベーションのテーマにふさわしいかもしれません。3.2.2項 (3) で言及したように災害対策の分野では、ドローンによる被災状況の確認、救助活動、復旧作業は、災害時の迅速な対応、被害の最小化、復旧作業の効率化などが期待されています。また、高齢化社会への対応や過疎化対策といった地方で顕著になっている社会問題にもドローンは貢献できるかもしれません。

　その他にも、「地域でのドローン人財の育成」などさまざまなテーマが考えられます。このように、ドローンは地域でイノベーションを起こすための強力なツールとなりえます。経営学部の新しいカリキュラムでドローンを学ぶ学生たちが、単に操作技術を学ぶだけにとどまらず、自らドローンが持つポテンシャルに気づき、実課題の解決に活用できるまでに成長するようサポートしていきます。

3.5　「東濃まるごとキャンパス」へのドローン活用の展望－東濃各市との連携による展開の可能性－

　本学キャンパスのある瑞浪市と中津川市を含む岐阜県東濃地域を大きなキャンパスととらえ、「地域における知の拠点の実現」（「東濃まるごとキャンパス」の実現）を学校法人中京学院のビジョ

ンに定め、大学運営を推進しています。

東濃地域には近い将来リニア中央新幹線が通り、地域内にその駅も設置されます。この東濃地域と本学が連携して特色ある地域づくり「東濃まるごとキャンパス」づくりを行うためにドローンを活用することは時宜を得た取り組みだと考えています。

3.4節で紹介したように、地域イノベーションの科目を通じて中津川市を中心に東濃地域に貢献し、ドローンの有用性を普及させ、ドローンの技術を身に付けた学生が地域に就職することで、地域社会の発展につながると考えています。以下に、この東濃地域での展開を具体的に想定してみたいと思います。

3.5.1 ドローン操縦技術者育成

東濃地域において、ドローンを安全かつ効果的に操縦できる人材を育成し、地域全体のドローン活用の基盤の強化を目指します。

地域の要望に応じて、地域住民向けのドローン操縦体験会を定期的に開催、または、ドローン操縦の基礎から応用までを体系的に学べる教育プログラムの提供を行います。さらに、本学の授業のために整えたリソースを活用することで、実機を使った実践的な訓練、資格取得支援なども可能となります。実際にドローンの技術を学び、資格を取得した学生もサポートスタッフとして参加できることでしょう。単純なドローン操作だけでなく小中高生向けのプログラミングドローン教室を開設してIT人財の育成基盤を構築することにも貢献できます。

また、防災やインフラ点検など自治体業務へのドローン活用を目指し、自治体職員向けの研修も行い、資格取得を支援することで、さまざまな分野で活躍できる人財を輩出し、地域全体の技術力向上に貢献できます。

3.5.2 ドローン産業振興

本学での取り組みを通して、東濃地域の産業界にドローンが普及していくこと期待しています。それに伴い、東濃地域にドローン関連産業を集積し、地域経済の活性化にも結び付くかもしれません。ドローンメーカーやソフトウェア開発企業の誘致や地域企業との連携による共同研究を推進することができれば、ドローンを活用した業務効率化に貢献できます。また、学生のアイデアを基に、ドローン関連のスタートアップ企業を育成するためのインキュベーション施設を設置するなど、東濃地域をドローン産業の一大拠点とすることで、地域経済の多様化と雇用創出を実現していきます。

3.5.3 ドローンで地域活性化

地域イノベーションの活動を中心として、ドローンを活用して、東濃地域の課題解決や魅力発信を行い、地域全体の活性化を図ることを目指していきます。

具体的には、ドローン空撮による観光PR、農業分野におけるドローン活用による生産性向上、災害時の迅速な情報収集など、ドローンが地域住民の生活に密着し、地域全体がより豊かで住み

やすい環境となることで地域の元気を創出します。

　将来的には物資の輸送やインフラ点検などにドローンが活用されていくと考えられます。そのような未来に向けての実証実験などに大学として協力することもできるでしょう。

　以上、ドローンに関する現状の整理とともに、大学でのドローン教育がいかに地域の活性化に貢献できるかについて述べてきました。

　本学は、2024年度からドローン教育をカリキュラムに取り入れており、今後さらに内容を充実していくことで、東濃地域の活性化に大きく貢献できるものと考えます。学生への教育だけでなく、地域住民、地元企業、自治体との連携を強化し、ドローンを地域課題解決のツールとして活用します。すなわち、本学のビジョンの実現を図ると同時に地域社会の発展に貢献したいと考えます。

注

１）レベル４飛行とは市街地などの有人地帯（第三者上空）での補助者なし目視外飛行のこと。レベル３飛行までは、目視内での操縦・自律飛行および無人地帯での目視外飛行しか認められていなかったが、2022年12月の改正航空法施行により、レベル４飛行が可能となった。

参考文献

経済産業省 Web サイト「空の移動革命に向けた官民協議会」, https://www.meti.go.jp/shingikai/mono_info_service/air_mobility/index.html（2024年8月29日アクセス）

国土交通省 Web サイト「空の移動革命に向けた官民協議会」, https://www.mlit.go.jp/koku/koku_tk2_000007.html（2024年8月29日アクセス）

経済産業省 Web サイト「次世代空モビリティ」, https://www.meti.go.jp/policy/mono_info_service/mono/robot/airmobility.html（2024年8月29日アクセス）

千葉市 Web サイト「ドローン」, https://www.city.chiba.jp/sogoseisaku/miraitoshi/tokku/documents/drone_detail.html（2024年8月29日アクセス）

あきる野市 Web サイト「ドローン（無人航空機）を活用した取組について」, https://www.city.akiruno.tokyo.jp/0000008830.html（2024年8月29日アクセス）

第4章 初年次基礎教育の改革と実践
―プレゼンテーション大会『彩イロドリ』の取り組み―

宮嶋 恒二

4.1 はじめに

　本章では、本学の教学中期計画（2021年度～2026年度）をもとに進められてきた経営学部の初年次基礎教育の改革について述べることとします。また、その中でも特に力を注いできたプレゼンテーション大会『彩イロドリ』の取り組みならびに高大連携への展開について紹介していきます。

　これまでの経営学部における1年次の基礎ゼミについては、学部で共通のテキストや教材を用いて、基礎学力向上のプログラムを実施してきた時期があり、また初年次のスタディスキルを身に付けさせる取り組みを行ってきたこともあります。

　そして、2020年度に計画された教学中期計画では、6年後に「建学の精神を具現化する教育で選ばれる大学」を目標として掲げました。具体的には共通教育導入を第1期（導入期）の3年間で整備することとなりました。経営学部においても1年次前期・後期に開講されている「基礎ゼミA・B」の授業内容の見直しが行われ、2021年度から新しい内容で展開することとなりました。その目的は、高等学校から大学への学びの導入として、主に個人プレゼンテーションを通じたジェネリックスキルを身に付けるための演習を展開することにありました。特にコミュニケーション力を高めるワークを繰り返すと同時に高等学校までの生活を振り返りながら、前期期間の目標設定（「いつともプランナー」）を行っていくことに主眼が置かれました。また、自由テーマに基づいた個人プレゼンテーションを目標とする過程で、情報収集力、企画力、工程管理、資料作成等の実践的スキルを身に付けることに重点を置きました。これは、第1章でも述べた本学の「真剣味」を具現化する「4つの力と11の要素ルーブリック」（学修ベンチマーク）における主に「リフレクション力」「計画性」「創造力」「表現力」「フレンドシップ力」「規律性」に相当します。

　なお、2024年度からの新カリキュラムへの移行に際しても、その趣旨は変わらずに展開しています。ただし、新カリキュラム構築にあたっては、ディプロマポリシー（DP）、カリキュラムポリシー（CP）の見直しに伴い、その位置づけを再定義することとなりました。現在は、教養科目の中の「中京学院コア科目」として、本学における共通の重要な科目として位置づけています。詳細は、次節で述べることとします。

　このような背景から既に短期大学部で実施されていたプレゼンテーションを学部横断で展開することとなり、2022年度よりプレゼンテーション大会『彩イロドリ』が開催されることとなりました。この『彩イロドリ』のネーミングについては、多様性の理解がひとつのメッセージとなり、短期大学部の学生、経営学部生、留学生などさまざまな学生が参加する大会であることから名付

けられました。さらに、プレゼンテーションの内容についても地元の自然や文化、食べ物やスポーツに関すること、自身の興味関心のあるテーマなど「いろとりどり」の発表をしています。多様な背景を持つ若者たちが、自由テーマに基づいて、さまざまな考えを発表することができることの尊さを表現しているのが『彩イロドリ』です。後でも触れますが、2024年度からは看護学部も加えて全学部が参加することとなりました。また、留学生の部も設けられました。さらに、地元の東濃地域にある高等学校の生徒も参加することとなり、高校生の部も開催することで、さらに、色とりどりの豊かな大会へと発展しています。

4.2 初年次基礎教育の意義と目的

4.2.1 初年次基礎教育の目的

　初年次基礎教育については、各大学において大学の導入期として、さまざまな科目が設置されています。特に、大学生活に馴染んでいくための導入期のゼミとして、学生間の交流活動や生活リズムの把握に力を入れている大学も存在します。また、大学での学びについて行けるようにレポートの書き方や発表の作法を学習するアカデミック・スキルを重点に置く場合もあります。さらに、大学の施設を有効に活用できるように図書館やラーニング・コモンズ、アカデミック・ライティングセンターなどの利用方法を紹介することもあるでしょう。それぞれの大学において、その目的に応じてさまざまな形式でゼミ活動がなされています。

　谷口ら（2010）は初年次教育を「入学前教育も含めた学士課程の最初であり、いわゆる大学の教育環境への適応のための教育と考えられる」[1]（p.6）と述べています。その上で、初年次教育の目的を以下の8つと定義しています[2]。

①学生生活や学習習慣などの自己管理・時間管理能力をつくる
②高等学校までの不足分を補習する
③大学という場を理解する
④人としての守るべき規範を理解させる
⑤大学の中に人間関係を構築する
⑥レポートの書き方、文献検索方法など、大学で学ぶためのスタディスキルやアカデミック・スキルを獲得する
⑦クリティカルシンキング・コミュニケーション力など大学で学ぶための思考方法を身につける
⑧高等学校までの受動的な学習から、能動的で自律的な学習態度への転換を図る

　初年次教育は高等学校までの学習と大学での学びを接続するために重要な教育のあり方ならびに期間であると位置づけられています。

　また、初年次教育の中でも1年次のゼミについては、非常に重視されています。谷口ら（2010）は、その理由として「能動的・自律的な学習への転換は双方向的、協働的な活動を通して身につき、それを繰り返し体験させる場面の多くは正課の『初年次ゼミ』にビルトインされている」[3]

(p.7) と述べています。

4.2.2 本学経営学部の初年次基礎教育の取り組み

本学の経営学部の新しいカリキュラムでは、1年次の前期・後期に必修科目を複数設置しています。科目区分でいうと教養科目の中に「中京学院コア科目」として「セルフプロデュースA・B」、「リサーチプロジェクトA・B」、「アクティブ チャイルド プログラムⅠ」（後期：この科目の取り組みについては第6章で詳しく述べる）、「STEAM科目」の自然科学で「データサイエンスのための統計学の基礎」（前期）、データサイエンス基礎で「ドローンⅠ」（前期）、「情報リテラシーⅠ・Ⅱ」（前期）、「データサイエンス入門」（後期）、「キャリア科目」で「職業人としての倫理学」（後期）を設置しています。また、専門科目では、経営学分野で「経営学部の学び方」（前期）、「ビジネスをしくみで考える」（後期）、会計学分野で「個人資産の管理」（後期）、Swing・地域イノイベーション共通分野で「社会調査の方法」（後期）が設置されています。

この中で、本学として特に初年次の基礎教育として位置づけられるのは、「中京学院コア科目」の「セルフプロデュースA・B」、「リサーチプロジェクトA・B」です。その授業概要は、表4-1のとおりです。セルフプロデュースでは、主に建学の精神の浸透とコミュニケーションを中心としたジェネリックスキルを身に付けさせることを目的としています。また、リサーチプロジェクトでは、大学の授業で必要となる「調べる」「読む」「書く」「発表する」といったアカデミック・スキルの修得を目的としています。これに加えて、必修科目にはなっていませんが、基

表4-1　本学の初年次基礎教育の授業概要

科目名	授業概要
セルフプロデュースA	理念に基づくコミュニケーション力向上を目的として、主に個人プレゼンテーションを通じたジェネリックスキルを身に付けるための演習を展開する。優秀者は、9月に実施される「中京学院大学プレゼンテーション大会『彩イロドリ』」に出場する。また、建学の精神にかかわる真剣味の理解とその姿勢を身に付け基本的生活習慣や基本的学習姿勢を確立する。
セルフプロデュースB	理念に基づくコミュニケーション力向上を目的として、主にグループプレゼンテーションを通じたジェネリックスキルを身に付けるための演習を展開する。また、建学の精神にかかわる真剣味の理解とその姿勢を身に付け基本的生活習慣や基本的学習姿勢を確立する。
リサーチプロジェクトA	大学生として必要になる基礎的なスキルはさまざまあるが、この授業では「調べる」「読む」「書く」「発表する」といった初年次教育に関する重要なアカデミック・スキルの修得を目指す。またその過程で中京学院大学経営学部が位置する中津川市を中心とした地域が抱える社会問題を理解し、適切に説明できるようになることも試みる。そのために、フィールドワークを実施することを予定している。
リサーチプロジェクトB	この授業では前期に実施した「リサーチプロジェクトA」に引き続き「調べる」「読む」「書く」「発表する」といった初年次教育として求められるアカデミック・スキルの更なる修得を目指す。またその過程でフィールドワークやレポートの作成を継続していく。さらに、それらに加え、チームビルディング、フィールドワークの計画書、フィールドワークの報告書（成果報告会含む）についても学ぶ。

出典：本学シラバスより筆者作成

礎学力向上を目的とした「えきべんA・B」⁴⁾も開講しています。

　また、設置された科目のすべては、ディプロマ・ポリシー（DP）の8項目⁵⁾が設定され学生の成長を促す指針となっています。また、この項目は、本学の学習ベンチマークである「真剣味」を具現化する4つの力と11の要素のルーブリックと紐付けされており、学生の学習による達成度を可視化できるようになっています。

　このように経営学部の新カリキュラムでは、本学独自の初年次基礎教育プログラムを開発し、実践しています。

4.3　初年次基礎教育「導入期ゼミ」の実践事例（1年次ゼミ）

4.3.1　自校教育の意義と本学の取り組み

　本節では経営学部の新しいカリキュラムにおける初年次の導入期ゼミにあたる「セルフプロデュースA・B」について紹介します（表4-2参照）。最初に前期の「セルフプロデュースA」では早い段階で、自校教育に位置づけられる本学の「建学の精神」「教育理念」についての授業が行われます。この授業では、学長自らが教壇に立ち、本学の「建学の精神」「教育理念」の意味やそれに込められた思いなどを講義します。また、本学の成り立ちや歴史、そしてそれを踏まえて新入生が今ここにいる意味などを考えさせる授業が展開されています（図4-1参照）。

　大学の自校史（自校教育）について取り上げられたのは、2002年10月27日の朝日新聞であると寺崎（2006）⁶⁾は述べています。寺崎は自身が「自校史」の講義を行い気づいたこととして、学生たちは知的欲求の満足ではなく、自己発見、あるいは自分の「居場所」を発見するのだと指摘しています。「自分はどういうところに座っているのか、なぜここに座っているのか、そのことがわかったのですね」⁷⁾(pp. 99-100)と述べています。このような指摘から自校（史）教育は、高等学校から大学へと社会化していく学生にとって、自分の居場所を認知するために非常に重要な取

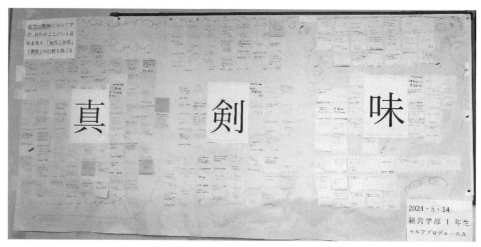

図4-1　建学の精神「真剣味」のワークでの成果物
出典：筆者撮影

表4-2 セルフプロデュースA シラバス（2024年度）

授業回	授業内容	いつとも Planner
1回	「建学の精神と真剣味」理念①の内容を理解する	1週間の計画、実行
2回	「真剣味サイクルと4つの力11の要素」理念②の内容を理解する	フィードバック
3回	コミュニケーション力①　多様性・表現力　第1回 インタビューシートを活用した自己紹介・他者紹介を行う	フィードバック
4回	コミュニケーション力①　多様性・表現力　第2回 大学生活の目標と計画	フィードバック
5回	コミュニケーション力①　多様性・表現力　第3回 メモの重要性を知る・身体的コミュニケーションの実践	フィードバック
6回	コミュニケーション力②　承認・傾聴　第1回 自己紹介とフェルミ推定	フィードバック
7回	コミュニケーション力②　承認・傾聴　第2回 アイコンタクト演習、ミラーゲームの実施	フィードバック
8回	コミュニケーション力②　承認・傾聴　第3回 非言語コミュニケーションの理解	フィードバック
9回	個人プレゼンテーション準備　第1回　内容説明とテーマの設定	フィードバック
10回	個人プレゼンテーション準備　第2回　タイトル決定、内容検討、絵コンテ・レジュメ作成、スケッチブックの清書	フィードバック
11回	個人プレゼンテーション準備　第3回　タイトル決定、内容検討、絵コンテ・レジュメ作成、スケッチブックの清書	フィードバック
12回	個人プレゼンテーション準備　第4回　リハーサルの実施	フィードバック
13回	クラス発表①　各クラスで個人プレゼンテーションを実施し、学科発表の代表者を決める	フィードバック
14回	クラス発表②　各クラスで個人プレゼンテーションを実施し、学科発表の代表者を決める	フィードバック
15回	学部プレゼンテーション大会に出席する。クラスの代表学生の発表を聞き、今後の自分のプレゼン力の向上につなげることができるようにする。 演習、プレゼンテーション	フィードバック

出典：本学シラバスより一部修正の上、筆者作成

り組みであると考えられています。さらに寺﨑（2006）[8]は、自校教育の意義について、①いわゆる導入期の一貫として極めて有効である、②大学の個性、アイデンティティというものを学生・教職員・卒業生と共有していく作業になる、③学生たちの意欲ややる気を育てる、と述べています。今いる大学を明確に位置づければ位置づけるほど、その意欲を育てると指摘しています。

4.3.2 「いつともPlanner」と「コミュニケーションワーク」

　セルフプロデュースの授業では、授業内で「いつともPlanner」の記入内容を担当教員が確認してフィードバックを行うことで、真剣味の理解とその姿勢を身に付け基本的生活習慣や学習姿

勢の確立を促しています。この「いつとも Planner」では、①真剣味サイクルの発達段階、②今週の展望・約束、③週間行動計画、④感動・意欲、⑤生活リズムの確認：食事・睡眠、⑥体調管理、⑦1週間の振り返り・気づき、⑧今週の課題を記入します。また、月単位で学習面ならびに生活面の振り返り・気づきを記入することになっています。

またコミュニケーションワークでは、自己理解と他者理解を促進するためインタビュー形式で「自己紹介・他者紹介」を行っています。また、傾聴力の重要性とスキルを身に付けるため、メモの取り方とそれを言語・非言語で表現するワークを実施します。そのことで身体的コミュニケーションの実践を行っています。併せて、多様性の理解についての認識を学んでいます。

最後にプレゼンテーションスキルの修得を目的として、主に個人プレゼンテーションを通じたジェネリックスキルを身に付けるための演習を展開しています。具体的には、個々人がそれぞれ興味のあるテーマを取り上げ、それを自分なりの視点で調査し、絵コンテからスケッチブックに手書きで表現します。その資料をもとに6分間のプレゼンテーションを行うというものです。この取り組みは、まずクラス内で全員がプレゼンテーションを行います。その後、学部プレゼンテーション大会で上位3名と留学生枠1名を代表として決定します。そして9月には全学部・学科が揃い全学のプレゼンテーション大会『彩イロドリ』が開催されます。『彩イロドリ』については、先に述べたとおりです。

このセルフプロデュースの授業では、新しいクラスの仲間と一緒にコミュニケーションワークをすることで、入学して間もない学生たちの大学への社会化を促進するとともに、コミュニケーション力、プレゼンテーション力を培う内容となっています。2024年度の受講生の声を以下に掲載しています。

受講生の声①
私はみんなの前で話すのが苦手でしたが、この授業を通して少しは皆の前で話せるようになったと思います。プレゼンの上手な人はテーマ設定の面白さや聞き手を意識した話し方をしていることに気づきました。

受講生の声②
この授業を受講して、自分の生活を見直すきっかけになりました。「いつともプランナー」のおかげで自分の普段の行動を客観的に見ることができました。これからの自分自身の生活や行動を見直していきます。

受講生の声③
この授業を受講してさまざまな人とのコミュニケーションをグループ活動でとることができました。また留学生との交流も深めることができました。プレゼンテーションは、いろんなテーマがあり興味深かったです。

受講生の声④
自分の思いを言葉にして伝えることの大変さを知りました。プレゼンテーションはクラス全員の前で発表しました。私はとても緊張しましたが、良い経験になりました。自分がすごく成長できたと思っています。

4.3.3　後期「セルフプロデュースB」の授業展開

1年次後期の「セルフプロデュースB」については、前期で身に付けたコミュニケーション力の学びを土台として、グループプレゼンテーションを目標にしています。その過程で、チームワーク、多様性への理解、役割認識、リーダーシップ等を高めていきます。また引き続き、授業内

で「いつとも Planner」の作成を行い、フィードバックを行うことで真剣味の理解とその姿勢を身に付けます。生活リズムが崩れかける夏休み明けの授業で、再度基本的生活習慣や学習姿勢をしっかりと確立させるようにしています。

　授業の内容は、表4-3に示したシラバスのとおりです。最初に「建学の精神」から表出された「真剣味」の意味とそれを具体化した「運動奨励」と「スポーツマンシップ」について学習します。その後、コミュニケーションワークとして、シンキングマップの作成やノンバーバルコミュニケーションのワークを展開します。その後、与えられたテーマについてグループプレゼンテーションを実施するため、テーマに関するワークとまとめ及びプレゼンテーション準備を行い、コミュニケーション力の他に情報収集力・整理力や責任感、協働力を培うことを目指しています。

　このように後期の「セルフプロデュースB」においても本学が独自に開発したプログラムと教材で授業を展開しています。その狙いとしては、学生が本学において大学4年間を学ぶための基礎として、これだけは最初に確実に身につけて欲しい態度・姿勢ならびにスキルおよび思考を植え付けることです。このように初年次基礎教育科目については、経営学部だけでなく、中京学院大学のコアとなる科目として、全学部・学科が統一的なプログラムとして運用されることとなり

表4-3　セルフプロデュースB　シラバス（2024年度）

授業回	授　業　内　容	いつとも Planner
1回	「真剣味」と「運動奨励の方針及びスポーツマンシップ」理念③の内容を理解する	一週間の計画、実行
2回	「真剣味」と「運動奨励の方針及びスポーツマンシップ」理念④の内容を理解する	フィードバック
3回	コミュニケーション力①　多様性・表現力Ⅱ　第1回　シンキングマップを理解する	フィードバック
4回	コミュニケーション力①　多様性・表現力Ⅱ　第2回　コミュニケーションワーク	フィードバック
5回	コミュニケーション力①　多様性・表現力　第3回　報告書の作成及び相互批評	フィードバック
6回	コミュニケーション力実践①　印象形成	フィードバック
7回	コミュニケーション力実践②　ノンバーバルコミュニケーション	フィードバック
8回	コミュニケーション力実践③　要約の技法・共感の技法	フィードバック
9回	コミュニケーション力実践④　コーチング・アドバイザートレーニング	フィードバック
10回	グループプレゼンテーション準備　第1回　内容説明とテーマの設定	フィードバック
11回	グループプレゼンテーション準備　第2回　タイトル決定、内容検討、絵コンテ・レジュメ作成、スケッチブックの清書	フィードバック
12回	グループプレゼンテーション準備　第3回　リハーサルの実施	フィードバック
13回	クラス発表①　各クラスでグループプレゼンテーションを実施し、学部発表の代表者を決める	フィードバック
14回	クラス発表②　各クラスでグループプレゼンテーションを実施し、学部発表の代表者を決める	フィードバック
15回	学部発表　各クラスの代表者によるグループのプレゼンテーションを実施。	フィードバック

出典：本学シラバスより一部修正の上、筆者作成

図 4-2　2024年度プレゼンテーション大会『彩イロドリ』
出典：中京学院大学保有データ

ます。

4.4　地域で考える高大接続授業のあり方

　本章では、経営学部における初年次基礎教育の取り組みを紹介していますが、それが波及し現在は高大連携事業としてプレゼンテーション大会『彩イロドリ』高校の部が展開されています。これは、同じ東濃地域にある大学と高等学校が協働し、地域で若者を育てるという発想に基づいています。いわゆる教育の視点から見た学びの高大連携または接続という取り組みです。

　この『彩イロドリ』高校の部は、岐阜県立土岐紅陵高等学校、中津商業高等学校、坂下高等学校が本学のセルフプロデュースのコンテンツ（コミュニケーションワーク、プレゼンテーションスキル）を利用して探究の学習またはキャリア教育（進路教育）の一環として実施しているものです。その内容は、各高等学校に本学の教員（短期大学部の教員を含む）が出向き、本学のオリジナルのプログラムを50分10回程度で授業を行っています。内容はコミュニケーションワークとプレゼンテーションスキルの授業です。その後、各高等学校においてプレゼンテーション発表を行い、学校で代表者を選出して、9月のプレゼンテーション大会『彩イロドリ』に参加するというものとなっています。また、8月上旬にはプロのアナウンサーの方にお越しいただき、プレゼンテーション大会の事前指導を行っていただいています。

　こうした取り組みの意義は、同じ地域にある大学と高等学校が協働し、地域で若者を育てることにあります。現在は少子化の時代にあり、地方にある自治体から大都市圏に若者の流出する状況が続いています。そうした中、優秀で将来を担う若者が地域の教育機関で学び、社会人として活躍してくれることが、地方を支える基盤となるはずです。このような共通の問題意識から地域にある高等学校と大学が共通のプログラムで高校生、大学生を育てていくことが大変意義深いと

図 4-3　学生のプレゼンテーションの様子（左）林学長と記念撮影する経営学部入賞者（右）
出典：中京学院大学保有データ

考えています。今後、こうした大学と高等学校が連携してさまざまな取り組みを探究学習やキャリア教育の中で構築できれば、さらに発展した『協育』の形ができるのではないかと考えています（図 4-2、4-3 参照）。

4.5　これまでの成果と今後の展開

　このセルフプロデュースの授業は、新カリキュラムが始まる 2 年前から実施されてきました。よって、毎年度ブラッシュアップされてきた内容となっています。ただし、今後もより発展した展開を行っていくために、現段階の成果と課題を確認していきたいと思います。
　これまでの成果としては、当初短期大学部から始まったこのプログラムが、科目名は違っていても同様のプログラム内容として、経営学部、看護学部へと全学展開してきたことは大きな成果であると考えています。先にも述べたとおり、経営学部においてはこの科目は「中京学院コア」科目として設置していることからも、本学の基礎となるコア科目として機能しています。
　まず、「建学の精神」を 1 年次の前期に授業の中で自校教育として実施していることは、学生が自分の居場所を認識でき大学へ社会化していくことを促進していると考えています。こうした中から学生たちに自大学への誇りとプライドを持って欲しいと考えています。
　次に「いつともプランナー」の取り組みは、学生が大学生活に馴染んでいくための態度や姿勢を育むものです。この取り組みは、高等学校からの接続を考えた際に自由度が広がり、動もすると生活が乱れがちとなる学生に対して、自身をガイドしていくためのツールとして有効であると考えています。
　さらに「コミュニケーションワーク」については、学生の傾聴の姿勢やコミュニケーションスキルに効果を現しています。最近は、高等学校においてもこのようなグループワークの授業を取り入れている学校もあり、数年前に比較してスムーズに取り組めているようです。今後の課題としては、世代や国の文化や習慣による価値観の違いを受け入れ、自らの意見をしっかりと表現できるようなマインドとスキルの訓練が必要になると考えています。

最後に「プレゼンテーションスキル」のワークでは、各人が自らの発想と創造力をもって、手書きによる創作物を作成することに大きな意味があると考えています。また、人前での発表は緊張を伴いますが、それらをこの時期に経験しておくことは、これからの大学での学習や社会に出てからの仕事などにいかせるものと考えています。そして、この全学プレゼンテーション大会『彩イロドリ』が、高等学校の参加により、高大連携のひとつの形として結実したことは計り知れない成果であると考えます。このような取り組みが地域の若者を育て、将来この地域での有益な人財に成長してくれることを願ってやみません。

　こうした1年次の初年次基礎教育と経営学部が2024年度からはじめたアカデミック・アドバイジング[9]を上手く活用していくことで、学生の大学への社会化をスムーズなものにして、より良い4年間を過ごせるようにサポートしていきたいと考えています。

注

1）河合塾編『初年次教育でなぜ学生が成長するのか―全国大学調査からみえてきたこと―』東信堂，2010年，p.6.
2）同書，p.6.
3）同書，p.7.
4）WEB上にある学習アプリを活用した基礎学力向上のための学習システム。
5）8項目とは「コミュニケーション力」「問題発見力・問題解決力」「実践力」「地域社会に貢献する力」「経営」「データサイエンス」「専門的知識・技術力（SwingプログラムDP）」「専門的知識・技術力（地域イノベーションプログラムDP）」です。
6）寺﨑昌男著『大学は歴史の思想で変わる―FD・評価・私学―』東信堂，2006年，p.104.
7）同書，pp.99-100.
8）同書，pp.109-110.
9）Winston, Ender, Miller and Grites（1984）は「学生とアドバイジング実践者との密接な関係の下に、学内や地域コミュニティの情報資源を最大限利用して、学生が学習や職業あるいは個人的な目標達成を目指して行う支援」と定義しています。

参考文献

Winston,R.B.,Jr., Ender,S.C., Miller, T.K. and Grites,T.J. (Eds.), (1984) *Developmental Academic Advising: Addressing Students' Education, Career and Personal Needs.Jossey-Bass.*
河合塾編（2010）『初年次教育でなぜ学生が成長するのか―全国大学調査からみえてきたこと―』東信堂
清水栄子（2015）『アカデミック・アドバイジング その専門性と実践』東信堂
寺﨑昌男（2006）『大学は歴史の思想で変わる―FD・評価・私学―』東信堂

Column

プレゼンテーション大会『彩イロドリ』への期待

フリーアナウンサー　西村知穂
（『2024彩イロドリ』特別審査委員長）

　2024年中京学院大学プレゼンテーション大会『彩イロドリ』に特別審査委員長として、参加させていただきましたが、率直な感想として本当に素晴らしいプレゼンテーション大会でした。高校生の部、大学生の部の両方ともにとてもレベルが高かったと思います。今回は大学生だけではなく、東濃地域にある高校生も参加するとのことでしたので、どのようなプレゼンテーション大会になるのかとても楽しみにしていました。

　高校生が大学生に負けていないプレゼンテーションをしていたのが印象的でした。高校生の事前指導から本番までの伸びをみると相当な努力のあとを垣間見ることができました。また、大学生は高校生と違う「これぞプレゼンテーション」という落ち着いたプレゼンだったと感じました。このまま社会にでても通用するのではないかと思うぐらいの内容でした。事前指導でのアドバイスをしっかりと取り入れている応用力などは、やはり大学生だなと感じました。自分のプレゼンをより高いレベルに磨いていこうという工夫が随所に見ることができました。また、高校生はプレゼンの見せ方に工夫があり、「見せるプレゼン」だったのに対して、大学生は自分がどう思うかという主張をはっきりと「伝えるプレゼン」になっており、それぞれに良かったと思います。

　また、このプレゼンテーション大会がひとつのイベントとして非常に楽しく素晴らしい内容になっていました。最初に大学の空手道部による演舞からはじまり、途中には高校生のギターマンドリン部の演奏、そして最後には手話サークルによる手話歌と大会に華を添えていました。私にとって、とても印象に残る大会となりました。

　東濃地域にある大学と高校が、プレゼンテーション大会というひとつのイベントを一緒に行い、この地域の若者を育てようとしていることは、とても素晴らしく意義ある試みだと思います。また、そうして育った若者が、この地域で活躍してくれることを心より願っています。

第5章　地域社会の中で学生を育てる「地域課題解決型 PBL」の実践

熊本　淳

5.1　はじめに

　現在、日本の教育現場では、文部科学省の主導により、アクティブラーニングに力を入れています。中央教育審議会（2012）は、アクティブラーニングについて、「教員による一方向的な講義形式の教育とは異なり、学修者の能動的な学修への参加を取り入れた教授・学習法の総称。学修者が能動的に学修することによって、認知的、倫理的、社会的能力、教養、知識、経験を含めた汎用的能力の育成を図る」(p.37) と説明しています。中京学院大学（以下、本学）においても、できる限り全ての科目にアクティブラーニングを取り入れるよう努めています。

　本学の経営学部では、アクティブラーニングの手法として、授業の中でグループディスカッションやプレゼンテーションを行う科目が多くあります。一方で、いくつかの授業では PBL（Project Based Learning）を取り入れています。PBL は、課題解決型学習とも呼ばれ、溝上（2016）は PBL を「実世界に関する解決すべき複雑な問題や問い、仮説を、プロジェクトとして解決・検証していく学習のことである。学生の自己主導型の学習デザイン、教師のファシリテーションのもと、問題や問い、仮説などの立て方、問題解決に関する思考力や協働学習等の能力や態度を身につける」(p.21) と定義しています。この定義内で言及している「学生の自己主導型学習」と「教師のファシリテーション」は、本学の人財育成のプロセスを示した「真剣味サイクル」（第1章参照）とも一致します。「真剣味サイクル」では「学生の行動」と「教職員とのコミュニケーション」を重要視しています。

　本学の経営学部の授業で PBL を行う場合、課題テーマとして地域課題を扱うことが多くあります。学校法人中京学院のビジョンには、「地域における知の拠点の実現」（「東濃まるごとキャンパス」の実現）が掲げられており、地域にとって必要不可欠な存在となり、共に発展する大学を目指しています。経営学部の2024年度から始まった新カリキュラムでも、地域との関わりを重視した科目が多く配置されています。これらの科目のいくつかでは、地域の実際の課題に対して、大学生の視点から解決策を提案しています。

　2023年度以前に入学した経営学部の学生を対象に、2年次に開講される教養ゼミA（前期）・教養ゼミB（後期）では、1年を通じて中津川市内の事業所が直面している課題の解決策を学生自身が考え、提案する取り組みを行っています。教養ゼミでこのような地域課題解決の取り組みを始めたのは、2023年度からになります。この章では、教養ゼミの内容を例に、本学経営学部における「地域課題解決型 PBL」の取り組みについて紹介します。

5.2 地域課題解決型 PBL の実施に向けて

はじめに、教養ゼミにおいて「地域課題解決型 PBL」を扱うことになった経緯と目的について以下に紹介します。

5.2.1 教養ゼミの内容変更に至った経緯

これまでの教養ゼミは、専門科目を学ぶために必要な基礎知識やスキルの習得、そして広い意味での社会理解を深め、その動向や課題に目を配る能力を養うことを目的としていました。講義はオムニバス形式で行われ、教員ごとに異なる内容が提供されていました。

一方で、1年次に開講される基礎ゼミは、2022年度より内容が大きく変更されました。第4章で述べたプレゼンテーション大会『彩イロドリ』を含むコミュニケーションワークを中心に、表現力や傾聴力、プレゼンテーション技術を育むことを目標としています。この変更に伴い、連動する科目として2年次に開講される教養ゼミの内容も、基礎ゼミでの学びをさらに伸ばすような、発展的内容がふさわしいという意見が挙げられ、2022年11月に教養ゼミ内容検討会議が発足しました。

教養ゼミ内容検討会議では、1年次の学生を中心に、経営学部の学生の現状と課題についての認識を共有し、不足しているスキルや伸ばすべき力について議論しました。これらの議論をもとに、2年次終了時点での学生の成長イメージから逆算し、教養ゼミの内容を構築していくことになりました。

5.2.2 教養ゼミに込めた思い

議論の中で、2年次に伸ばしてほしい力として、さまざまな意見が挙げられました。これらの力を本学の「4つの力」と「11の要素」に照らし合わせて整理しました。図5-1 は、各教員が2年次の学生に伸ばしてほしいと考えた力を付箋に書き出し、その内容ごとに整理し、21個の小グループに分類したものです。その後、これらの項目をさらに整理し、「表現力・傾聴力・自己肯定力・計画立案力・思考判断力・コミュニケーション力・基礎学力」の7つの中グループに分類しました。

次に、これらの力を伸ばすための授業内容について検討を行いました。その際、実践経験を積みながら、これらの学習目標を達成できないかという意見が出されました。本学の「真剣味サイクル」では、「行動」を出発点としており、まず勇気を出して一歩踏み出すことの重要性が強調されていることから、課題解決型 PBL を実施することになりました。「地域における知の拠点の実現」に向け、教養ゼミの中で中津川市の地元事業所が直面している課題の解決案を提案することとしました。これらの議論を踏まえ、教養ゼミの学習目標として、最終的に以下の3つを設定しました。

①地域社会の課題を発見し解決策を提案することができる

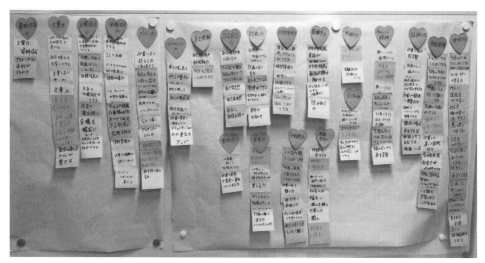

図5-1 各教員が思う大学2年次に身に着けてほしい力を分類したもの

②役割分担をして協働しながら取り組むことができる
③根拠をもって論理的に物事を考え、伝えることができる

　これらの学習目標を達成するために、教養ゼミ全30回の授業設計についても検討を行いました。全30回の授業を通して、さまざまな活動から学生にどのような力を身につけてほしいかを考えながら、各回の内容を検討しました。その中で、最初に検討したのは、課題に個人で取り組むか、グループで取り組むかという点です。学習目標②を達成するためには、グループでの活動が必須であると考えましたが、1年次の基礎ゼミを担当した教員からは、グループワークでは活動的な学生とそうでない学生で取り組みに差が出るという意見がありました。そこで、前期は個人で課題解決案を提案し、その中で優れた案について、後期にグループで分担して具体的に取り組むことにしました。具体的な活動内容については、次の節で紹介します。

　また、このような地域課題解決型PBLを行うにあたり、協力してもらえる事業所の選定が急務でした。事業所の選定に際しては、学生が興味を持ち、積極的に活動に取り組めるかを意識しながら進めました。さらに、中津川市商工会議所にも意見を伺いながら、各事業所に依頼を行いました。ありがたいことに、どの事業所も快く協力していただきました。

5.3　2023年度の活動紹介

　2023年度の教養ゼミでは、約80名の受講学生に対して、株式会社サラダコスモ、フカミファーム、株式会社恵那金属製作所、株式会社東海技研工業、中津川市社会福祉協議会、中津西まちづくり協議会の協力を得て、各事業所が抱える課題を提示していただきました。学生たちは1年を通して、これらの事業所が抱える課題に対して、学生目線での解決策を提案しました。この一連の活動を、2023年度の例をもとに紹介します。

　2023年度の教養ゼミの年間スケジュールについて、その概要を表5-1および表5-2にまとめま

した。表5-1は前期15回分、表5-2は後期15回分の実施日とその内容を示しています。

前期は、各事業所から課題を提示していただき、個人で課題解決案を考え、発表します。それ

表5-1 2023年度「教養ゼミA」スケジュール

	実施日	内容
第1回	2023年4月18日	ガイダンス
第2回	2023年4月25日	企業への案内文の作成①
第3回	2023年5月2日	企業への案内文の作成②
第4回	2023年5月9日	事業企画プレゼンテーション運営計画①
第5回	2023年5月16日	事業企画プレゼンテーション運営計画②
第6回	2023年5月23日	事業企画プレゼンテーション①
第7回	2023年5月30日	事業企画プレゼンテーション②
第8回	2023年6月6日	エントリーシートの作成
第9回	2023年6月13日	課題解決策の素案提示
第10回	2023年6月20日	事業所調査
第11回	2023年6月27日	フィールドワーク／解決策の提案①
第12回	2023年7月4日	フィールドワーク／解決策の提案②
第13回	2023年7月11日	発表準備
第14回	2023年7月18日	個人プレゼンテーション①
第15回	2023年7月25日	個人プレゼンテーション②

出典：本学シラバスより筆者作成

表5-2 2023年度「教養ゼミB」スケジュール

	実施日	内容
第16回	2023年10月3日	ガイダンス・前期の振り返り
第17回	2023年10月10日	フィールドワーク／解決策の提案①
第18回	2023年10月17日	フィールドワーク／解決策の提案②
第19回	2023年10月24日	フィールドワーク／解決策の提案③
第20回	2023年10月31日	フィールドワーク／解決策の提案④
第21回	2023年11月7日	フィールドワーク／解決策の提案⑤
第22回	2023年11月14日	中間発表
第23回	2023年11月21日	フィールドワーク／解決策の提案⑥
第24回	2023年11月28日	フィールドワーク／解決策の提案⑦
第25回	2023年12月5日	フィールドワーク／解決策の提案⑧
第26回	2023年12月12日	フィールドワーク／解決策の提案⑨
第27回	2023年12月19日	事業所別発表会
第28回	2024年1月16日	最終発表準備①
第29回	2024年1月23日	最終発表準備②
第30回	2024年1月30日	最終発表会

出典：本学シラバスより筆者作成

それの活動段階に分けて、具体的な取り組みを紹介していきます。

5.3.1 ガイダンスから課題提示まで

第6回と第7回の事業企画プレゼンテーションでは、各事業所から課題を提示していただきましたが、それまでの5回の授業では、学生への趣旨説明や事業企画プレゼンテーションに向けた準備を行いました。

第1回のガイダンスでは、教養ゼミ全体の説明を行いました。第2回と第3回の授業では、教養ゼミに協力して課題を提示してくださる各事業所に向けて、事業企画プレゼンテーションの案内文を作成しました。この作業は、2年次前期必修科目であるビジネスコミュニケーションで行っているビジネス文書作成の実践の場として、教養ゼミを活用した形になります。

事業企画プレゼンテーション（第6回、第7回）では、会場準備から当日の司会、挨拶、動画撮影、事業所の方々の誘導まで、すべて学生主体で行うことにしました。その直前の第4回と第5回の授業では、これらの運営計画や役割分担を行いました。これからの教養ゼミでの対外的な取り組みを実感してもらうと同時に、適度な緊張感を持って事業企画プレゼンテーションに臨んでもらうために、これらの計画は、時間をかけて慎重に行いました。

5.3.2 事業企画プレゼンテーション・エントリーシート作成

第6回の授業から実際に各事業所の課題を提示していただき、本格的に「地域課題解決型PBL」が始まります。事業所企画プレゼンテーションは第6回、第7回の2週に渡り実施しました。各事業所から事業内容の説明と合わせて、現在困っていること、解決したい問題など多種多様な課題を提示していただきました。事業所企画プレゼンテーションの様子を図5-2に示します。2023年度はそれぞれの事業所から以下のような課題が提示されました。

①株式会社 サラダコスモ
　　課題名：現代社会が抱える野菜不足による問題点

図5-2　事業所企画プレゼンテーションの様子

課題概要：現代社会において、野菜不足が引き起こす健康問題は多岐にわたります。野菜の摂取量が不足することで、腸内環境の悪化、肌の荒れ、疲労感の増加、生活習慣病のリスク増大、体臭の発生などが見られます。理想的な1日の野菜摂取量は350ｇですが、実際には平均して約288ｇし

か摂取されていないのが現状です。株式会社サラダコスモは野菜業界のパイオニアとして、この問題に取り組んでおり、日本の野菜摂取量不足解消の為にどのような食べ方、レシピ提案などが出来るかを考えていただき、野菜摂取による事で身体へどのような良い影響を与えるかの提案を募集します。

②フカミファーム
　課題名：中津川市のイチゴを皆さんのアイデアで、新たな地域産品に!!
　課題概要：イチゴに限らず、農作物を販売するには、流通するための「規格」があります。その規格から外れてしまうイチゴについては、既存のお客様へ加工用として販売や、ジャムに加工し、自社で販売しておりますが、より多くの方に、様々な形で中津川のイチゴをお届けするためには、私たちの考えだけでは頭打ちなのが現状です。是非、皆さんのアイデアで、中津川市内の様々な事業者さんと協力し、新しく魅力的な商品を開発してほしい。

③株式会社 恵那金属製作所
　課題名：既存技術を応用したBtoC商品の開発
　課題概要：我々は「製品」だけでなく「商品」を作るノウハウを獲得したいと考えています。ここでいう「製品」は工場で生産されたものを呼び、「商品」はお店に並べて顧客に販売されるものを指します。商品を持つことで、より多くの人々が目にする機会が増え、当社の技術を理解してもらう窓口が広がると考えます。今回の課題は、当社の表面処理事業での線材加工技術を活用した新商品開発です。具体的には、市場分析から始めてターゲティング、商品コンセプトの決定、そしてマーケティング施策などを含む全体的な提案を望んでいます。

④株式会社 東海技研工業
　課題名：「ラ・クリップ®」の販売促進
　課題概要：介護の世界は10兆円規模の大市場ではあるが一般的には暗い、重いイメージの中、ピンクを基調として新機能を創造した「ラ・クリップ®」と言う商品を開発・発売しました。介護の基本である「押して立つ」から「引いて立つ」に構造を180°転換。世に無い機能を創造してその機能評価は岐阜大学、名古屋市立大学それぞれの整形外科教授からのお墨付きも頂きエビデンスを含めた体制を整えました。展示会での評価は高く、業界からも好評価を頂きましたが後発メーカーの弱みがあり、販売の拡大化は厳しく苦慮しています。この現状を改革する案を考えてください。

⑤中津川市社会福祉協議会
　課題名：レクリエーションゲームの普及促進事業（PRチラシ・動画の制作）
　課題概要：本会では、地域の高齢者や子ども、障がい者などさまざまな集まりでご利用いただけるレクリエーションゲームを貸し出しています。今回、あらためて遊び方や工夫などを

分かりやすくチラシや動画にまとめることで、さらに多くの地域の方に利用していただけることを期待しています。

⑥中津西まちづくり協議会
　課題名：中京学院大学オススメ「西地域の歩き旅」
　課題概要：まちづくり協議会の活動の一つに「ウォーキング（マップ作成を含む）」があり、実際に中京学院大学の皆さんが中津西地区を歩いて、学生の感性で選んだポイントを入れ、歩きたくなるように工夫したオススメマップを作ってもらい、中津西まちづくり協議会のホームページへの展開も考えています。

　事業企画プレゼンテーション後の第8回では、いただいた課題を振り返りながら、各学生がどの課題に取り組みたいか希望調査を行いました。希望調査では、自分が取り組みたい課題に対してエントリーシートを作成し、提出する形式で行いました。エントリーシートの具体的な回答項目としては、希望する事業所・希望理由・その事業所の課題を解決するためにどのような取り組みを計画しているか・教養ゼミを通してどのような姿勢を心がけ、どのような力をつけたいか、などを含めています。
　この形式にした理由は、就職活動に対する意識がまだ希薄な2年次の学生に対し、早めに就職活動時に必要となる文章作成能力を意識してもらうことを狙いとしています。提出されたエントリーシートの内容は担当教員が確認し、それを基に各学生がどの課題を担当するかを決定しました。

5.3.3　個人での活動
　各学生の担当課題が決定した後、具体的な課題解決策の提案に向けた活動が始まります。前期の第9回から第15回にかけては、主に個人で調査や提案を行いました。はじめに、課題解決策に対する各自の素案を自由な発想で考えました。その後、各事業所について改めて調査し、フィールドワークを行いました。フィールドワークでは、各課題の内容に応じて事業所の見学や現状の確認などを行いました。図5-3は、フィールドワーク中の学生の様子です。
　図5-3（1）は、株式会社サラダコスモが運営する「ちこり村」の施設を見学している学生の様子です。見学の際には、施設の概要だけでなく、株式会社サラダコスモの事業内容について、事業企画プレゼンテーション時よりも詳細な説明を受けました。冷凍イチゴの活用法を考える学生は、実際にフカミファームを訪問しました。図5-3（2）は、イチゴを栽培しているビニールハウスを見学している学生の様子です。図5-3（3）は、株式会社恵那金属製作所を見学している様子で、学生は新たに提案する商品の線材加工技術についての説明も受けました。図5-3（4）は、株式会社東海技研工業の課題を担当することになった学生が、実際に会社を訪問し、ラ・クリップ®を使用している様子です。学生たちは、実際にラ・クリップ®の使用感を試し、そのプロモーション方法を考えました。中津川市社会福祉協議会の課題を担当する学生たちは、高齢者サ

図 5-3　フィールドワークの様子

ロンの運営を体験しました。図5-3（5）は、高齢者の方々とともにレクリエーションを行っている学生の様子です。中津西まちづくり協議会の課題を担当する学生たちは、ウォーキングマップの作成に向けて、中津西地域を実際に視察しました。図5-3（6）は、中津西地域内にある青木稲荷を散策している学生の様子です。これらの活動を踏まえて、課題解決策の素案をより深めていきました。

各学生は第14回、第15回の個人プレゼンテーションにて、解決策の提案を行い、各事業所からフィードバックを頂きました。事業所の方々の意見を参考にして、個々の学生のアイデアの中からいくつかを選び、その解決案を後期にグループでさらに深掘りしていくことになりました。

5.3.4　課題解決策の提案

前期に提案した各個人のアイデアを持ち寄って、後期はグループに分かれて、引き続き各事業の課題に取り組みました。これは、学習目標②の「役割分担をして協働しながら取り組むことができる」を達成するためです。後期は、より具体的に内容を深めていくために、定期的な発表を除いて、基本的にはグループごとに計画した活動を進めました。各グループは計画立案、フィールドワークの実施、課題の検討、インタビュー調査などを行い、教員はこれらの活動を見守りつつ、時にはアドバイスを提供し、最終的な解決案の完成を目指しました。ここでは、学生が提案した課題解決案の一部を紹介します。

①株式会社　サラダコスモ

　課題名：現代社会が抱える野菜不足による問題点

　解決案：現代人の野菜摂取量を増加させるため、学生たちは特に野菜摂取量が少ない若者世代に着目して野菜を使った料理レシピを考えました。そのような世代は朝食の摂取率も少ない問題と合わせて、朝食として手軽に野菜を摂ることを可能とした、野菜を使ったおにぎり「ベジにぎり」を提案しました。図5-4は大学生が作成したレシピの一例です。また、そのレシピを普及させるための手法として調理動画の作成も行いました。

図5-4　野菜摂取量増加のためのレシピ案

図5-5　フカミファームのイチゴを用いたスムージーと焼きドーナツ

②フカミファーム

　課題名：中津川市のイチゴを皆さんのアイデアで、新たな地域産品に!!

　解決案：規格外品の冷凍イチゴの活用法として、レシピ開発を行いました。規格外品のイチゴはそのままの形状では使えないためスムージーとイチゴ焼きドーナツの開発を行いました（図5-5参照）。焼きドーナツは中津川市のケーキ工房悦造とコラボして開発しました。また、開発商品を第2回レク＋アス　エンジョイ　フェスティバルにて自分たちの手で販売しました。

③株式会社　恵那金属製作所

　課題名：既存技術を応用したB to C商品の開発

　解決案：恵那金属製作所の線材加工技術を使った商品のアイデアをいくつか提案しました。その中で事業所からの評価が高かったアイデアは、知恵の輪鍵、ゲームコントローラーのスタンドなどがありました。「知恵の輪鍵」は知恵の輪を解くことで開く南京錠のような商品で「仮防犯」という新しい商品アイデアとして注目を浴びました。コントローラースタンドはゲーム市場の発展を注目して販売数の見積もりまで提案されました。

④株式会社　東海技研工業

　課題名：「ラ・クリップ®」の販売促進

　解決案：東海技研工業「ラ・クリップ®」の販売促進のためのアイデアを考えた学生グループは、現状分析に力をいれて活動しました。現状においてSNSやパンフレットなど幅広く宣伝しているにもかかわらず販売・レンタルにつながっていないことに注目し、宣伝するターゲットを変えてみるというアイデアを提案しました。これまでは高齢者などの介護受ける側に向けた宣伝を行っていましたが、介護する側にもメリットがあることを提案しました。

図5-6 レクリエーションゲーム普及のためのチラシと動画

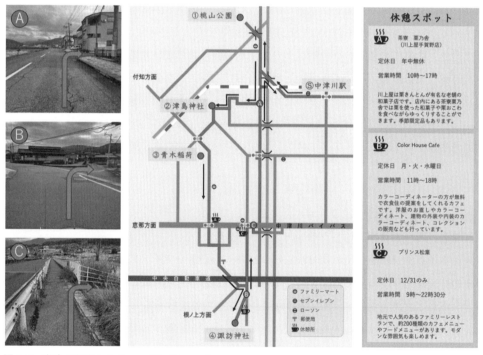

図5-7 学生が作成したウォーキングマップ

⑤中津川市社会福祉協議会

　課題名：レクリエーションゲームの普及促進事業（PRチラシ・動画の制作）

　解決案：中津川市社会福祉協議会で扱っているレクリエーションゲームを普及するためにチラシとPR動画の作成を行いました。図5-6の左は実際に学生が作成したチラシで、図5-6の右は作成したPR動画の1カットになります。

図 5-8 最終発表会の様子

⑥中津西まちづくり協議会

　課題名：中京学院大学オススメ「西地域の歩き旅」

　解決案：中津西地域のウォーキングマップの作成を担当した学生たちは、ターゲットやコンセプトが異なるマップをグループごとに作成しました。代表グループの作成したウォーキングマップは中津川西地域の神社を巡るというコンセプトで、地元民や観光客をターゲットにしたもので図5-7のようなものです。各グループが作成したマップは、全て中津西まちづくり協議会のホームページで公開されています。

5.3.5　最終発表会およびその後の取り組み

　第27回の授業では、前の項で紹介した活動成果をすべてのグループが各事業所に対して発表を行い、さまざまなフィードバックを頂きました。また、そこで代表に選ばれたグループは第30回の最終発表会ですべての事業所の方や中津川市市民協働課の方の前で発表を行いました。図5-8は最終発表会で発表している学生の様子です。

　さらに、教養ゼミで行った取り組みを代表学生3名が令和6年2月10日に行われた第8回中津川市域学連携発表会で口頭発表しました。中津川市域学連携発表会は高校生や大学生が、市内各地域と連携して行なった研究や調査の成果発表会であり、毎年、本学と中津川市で共催しています。この年の発表会では、地元の高校生をはじめ、名古屋工業大学、名古屋外国語大学、富山大学、東京工業大学（現 東京科学大学）、大正大学、東京大学、京都芸術大学の学生が発表を行いました。会場には多くの市民の方も参加しており、とても貴重な経験をすることができました。

図 5-9　中津川市域学連携発表会での口頭発表の様子

　また、口頭発表とは別に図 5-10 のようなポスターの掲示を行いました。ポスターは中津川市域学連携発表会の会場となった、中津川市ひと・まちテラスに数日間掲示され、多くの市民に閲覧してもらえました。

5.4　継続的な授業改善

5.4.1　2023年度の課題と2024年の取り組み

　2023年度の活動を通していくつかの課題が明らかになりました。ひとつは学生の希望する課題に偏りが出てしまったことです。事業企画プレゼンテーションで課題に対する説明を聞いた段階で、レシピ開発などの学生にとって解決方針がイメージしやすい課題に希望が集中してしまいました。もうひとつの大きな課題はスケジュールについてです。1年間の授業の中で解決案の提案に至るまでのスケジュールが過密になってしまいました。

　本書執筆時の2024年度の教養ゼミでも、継続して同様の取り組みを行っています。2023年度の課題を踏まえて、いくつかの改善を行いながら実施しています。改善の例として、課題を頂く事業所や課題の内容を変更し、学生の興味がうまく分散するよう心掛けました。また、課題解決案の提案に割く時間を増加させるため、一部の内容をほかの授業で扱うことにしました。第2回、第3回に行った事業所の方への案内文の作成は全てビジネスコミュニケーションの科目で扱うことにしました。

　また、2023年度に教養ゼミを履修した学生6名をスチューデントアシスタントとして採用し、

第5章 地域社会の中で学生を育てる「地域課題解決型PBL」の実践　熊本　淳　71

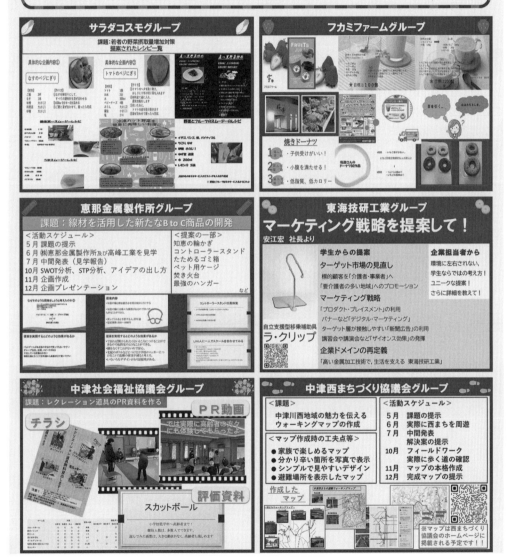

図 5-10　中津川市域学連携発表会にて掲示したポスター

2024年度の活動が円滑に行えるようサポートしてもらっています。

5.4.2 新カリキュラムに向けて

　2024年度以降の入学生はカリキュラム変更に伴い、経営学的視点を持ちながら、地域課題を取り扱う科目が多く存在しています。2023年度以前の入学生向けカリキュラムの教養ゼミは地域プロデュースと科目名を変更し、内容を進化させながら、授業を行っていく予定になっています。また、地域イノベーションなどの科目との連動性を考慮し、学生に対してより魅力的な科目になるよう授業内容の見直しを行っています。

参考文献
中央教育審議会（2012）『新たな未来を築くための大学教育の質的転換に向けて～生涯学び続け、主体的に考える力を育成する大学へ～』文部科学省
溝上慎一（2016）「アクティブラーニングとしてのPBL・探究的な学習の理論」溝上慎一・成田秀夫編『アクティブラーニング・シリーズ2　アクティブラーニングとしてのPBLと探究的な学習』pp.5-23．東信堂

第6章　子どもたちと共に学ぶ教育
― アクティブ チャイルド プログラムを活用した教育プログラムの展開 ―

横谷　淳
宮嶋恒二

6.1　はじめに

　経営学部では2024年度の新入生より新しいカリキュラムを導入することとなりました。そのひとつとしてアクティブ チャイルド プログラム（以下、ACPという）を活用した新たな教育プログラムを開発し実践することになりました。ACPは、日本スポーツ協会が開発した「子どもたちが楽しみながら積極的にからだを動かせる（運動遊び）」ことを目的として、子どもの発達段階に応じて「身につけておくことが望ましい動き」を習得する運動プログラムです。

　新しいカリキュラムでは、このACPを活用した教育プログラムを本学の全ての学生にとって重要な「中京学院コア科目」の中に科目設置しました。1年次の後期に必修で「アクティブ チャイルド プログラムⅠ」、2年次前期に発展的な科目として「アクティブ チャイルド プログラムⅡ」を開講します。この授業では、学生が地域にある小学校や中学校に出向き、児童や生徒にACPを用いた運動を指導するというアクティブ・ラーニングを中心とした授業を展開します。その中で、①コミュニケーション力、②問題発見・解決力、③実践力、④地域社会に貢献する力などを学んでいきます。具体的には次節で述べていくこととします。

　この教育プログラムを開発するにあたり掲げたコンセプトとして、①アクティブ・ラーニングによる学生の成長機会を提供する、②地域課題を解決するために地域社会（ここでは地域教育機関など）と連携することにあります。大学としては、こうした「学生の成長」と「地域の課題解決」を目的とした教育プログラムを開発・実践するとともに、その教育プログラムの有効性を研究レベルで検証する必要性があると考えています。

　近年、子どもの体力低下の問題が指摘されています。子どもの体力低下の現状について、スポーツ庁より出された2022（令和4）年度全国体力・運動能力、運動習慣等調査結果では、児童生徒（小学5年生・中学2年生を対象）の体力合計点が、2018年度調査以降、連続して男女ともに低下する傾向が示されています[1]。また、2023（令和5）年度の結果をみると、2022（令和4）年度と比較すると、小・中学校男子については若干の向上があったものの、小学校女子については横ばいの状況にあります。また、中学校女子については依然低下しています。2019（令和元）年度調査から連続する低下傾向が、緩やかになっています。こうした結果をみると、全体としては横ばいであり、向上傾向と捉えられる結果といえます[2]。しかし、全体傾向として子どもの体力が良い状況にあるとはいえません。

この状況は、中津川市においても同様の課題を抱えているのではないかと考えられます。そこで、このACPを活用した教育プログラムを展開することで、学生の活動によって地域が抱える課題を解決する一助になるのではないかと考えています。

6.2 ACPを活用した教育プログラムの展開

6.2.1 本学におけるACPの授業概要

この節では、具体的なACPを活用した教育プログラムの内容を紹介していくこととします。最初に学生たちに、「なぜこのACPを大学の授業に取り入れたのか」を理解させる必要があります。普段学生たちは学ぶ立場ですが、人に物事を教えるためにはどれほどの準備が必要となり、それに関する知識や技術、経験が必要となるかを学んで欲しいと考えています。こうした経験から、単に授業を受動的に受けるのではなく、能動的な学び（自ら考え行動する学び）の重要性を身に付けて欲しいと考えています。

(1) アクティブ チャイルド プログラムⅠ

表6-1は、2024年度の「アクティブ チャイルド プログラムⅠ（ACPⅠ）」の授業シラバスです。この授業では、学びの意義を学んだ上で、わが国におけるスポーツ基本法の存在や内容、またスポーツ基本計画を学習し、日本のスポーツの展望や目標を確認します。続いて、発育・発達について学び、子どもの体力や身体活動の現状を体力データ、活動状況調査、アンケートなどのデータから読み解いていきます。また、スポーツは競技スポーツだけで捉えるのではなく、生涯スポーツという概念をしっかりと学び、運動と健康の関係や運動習慣の形成について考える機会とします。このような学習は、学生が将来、子どもを持つ存在となった時の子育てにも役立つことはもちろんのこと、自らの生涯においてもスポーツを通じた健康管理の必要性を認識していけるものと考えます。さらに、子どもたちを指導する際に必要なスキルや安全管理についても学ぶことができます。

このようにACPを通じてスポーツ、健康、指導者について幅広く学ぶとともに、具体的な運動遊びを学んでいきます。また後半からは、グループで子どもたちに「走力」や「跳力」、「投力」をつけさせる「運動遊び」のプログラムを作成する模擬指導のプランニングを行います。こうしてグループで指導案を考えることで創造力、発想力や協働力、コミュニケーション力を培います。加えて、実践、リフレクションを繰り返すことで実行力、課題発見力・解決力を養うことを目的としています。このように本学が掲げる「真剣味」を具現化する「4つの力と11の要素」を低学年の初期から身に付けさせることが、この科目を「中京学院コア」科目として設置している意味となります。

(2) アクティブ チャイルド プログラムⅡ

次に、表6-2は「アクティブ チャイルド プログラムⅡ（ACPⅡ）」の授業シラバスです。この授業は、2年次前期に開講される科目です。選択制となっているためACPⅠで学んだ学生のうち、引き続き取り組みたいと思う学生が受講することとなります。特にACPⅡにおいては、

表6-1 アクティブ チャイルド プログラムⅠ シラバス（2024年度）

授業回	授業内容	基本のACP
1回	ガイダンス、ACPを学ぶ意義	
2回	スポーツ基本法・スポーツ基本計画 ・日本のスポーツに関する法律、それに則した日本のスポーツの展望、目標	集合ゲーム、からだじゃんけん、大根抜き、ひよこの闘い
3回	発育・発達について① 発育と発達の違い、発育について（スキャモンの発育曲線ベース）	人間知恵の輪、王様だるまさんが転んだ、言うこと一緒、やること一緒
4回	発育・発達について② 子どもの体力や身体活動の現状（体力データ、活動状況調査、アンケート内容）、発育の個人差について	キャッチ、相撲遊び、新聞紙に変身
5回	スポーツ好きな（自発的に運動をする）子どもを育むためには① 競技スポーツの視点から生涯スポーツの視点へ、発育の個人差について	落とさず捕まえろ、大波・小波、ドンじゃんけん
6回	スポーツ好きな（自発的に運動をする）子どもを育むためには② 運動と健康の関係、運動習慣の形成	長縄玉突き跳び、ゴム跳び、宅配便ゲーム
7回	遊びの紹介と指導方法について①	遊びの種類、アレンジ
8回	遊びの紹介と指導方法について② 良い指導者としての視点、安全管理、配慮	魚取り、お魚ゲーム、木とリス
9回	模擬指導プランニング（走力） 基本のACPのプログラムを元に「走力」を向上させるプログラムを考えよう。	
10回	模擬指導実践（走力） 基本のACPのプログラムを元に「走力」を向上させるプログラムを実践、指導しよう。	
11回	模擬指導プランニング（跳力） 基本のACPのプログラムを元に「跳力」を向上させるプログラムを考えよう。	
12回	模擬指導実践（跳力） 基本のACPのプログラムを元に「跳力」を向上させるプログラムを実践、指導しよう。	
13回	模擬指導プランニング（投力） 基本のACPのプログラムを元に「投力」を向上させるプログラムを考えよう。	
14回	模擬指導実践（投力） 基本のACPのプログラムを元に「投力」を向上させるプログラムを実践、指導しよう。	
15回	模擬指導プランニング応用・まとめ 自分の専門とする（興味のある）種目に特化したACPプログラムを考えよう。	

出典：本学シラバスより筆者作成

実際に地域の小学校に出向き実習を通じて、さまざまことを学び・体験する内容となっています。具体的には、チームでクラスマネジメントを行うため、グループで小学校等での実習に備えての計画を立案し、役割分担を行い危機管理上の行動シミュレーションを行いながらデモ授業を行います。その後、実習先での指導を行い、その振り返りを観察グループとディスカッションし、次の実習に向けてブラッシュアップを行います。これを繰り返し行うことで、PDCAサイクルを回しながら計画性、課題発見力・解決力、リフレクション力やコミュニケーション力などを培うことができると考えています。

表 6-2　アクティブ チャイルド プログラム Ⅱ　シラバス（2025年度開講予定）

授業回	授業内容	
1 回	ガイダンス	グループ決め、小学校実習における注意点
2 回	実習計画立案・役割分担	遊びのテーマ、内容、ルールアレンジ、役割分担（メイン、サポート）
3 回	ブラッシュアップ・デモ授業	計画のブラッシュアップ、役割と流れの最終確認、用具の作成、準備
4 回	実習①	実習：1グループ実践、3グループ観察評価
5 回	フィードバック①	3グループからのフィードバック＆ブラッシュアップ
6 回	実習②	実習：1グループ実践、3グループ観察評価
7 回	フィードバック②	3グループからのフィードバック＆ブラッシュアップ
8 回	実習③	実習：1グループ実践、3グループ観察評価
9 回	フィードバック③	3グループからのフィードバック＆ブラッシュアップ
10 回	実習④	実習：1グループ実践、3グループ観察評価
11 回	フィードバック④	3グループからのフィードバック＆ブラッシュアップ
12 回	取り組みの振り返り①　各グループで模造紙もしくはパワーポイントにまとめる。	計画内容、意図、自己分析、評価、感想、課題、展望、今後に活かす方法
13 回	取り組みの振り返り②　各グループで模造紙もしくはパワーポイントにまとめる。	計画内容、意図、自己分析、評価、感想、課題、展望、今後に活かす方法
14 回	取り組みの振り返り③	成果発表リハーサル
15 回	成果発表	全グループ発表（1グループ10分〜15分）、最後に教員から総括

出典：本学シラバスより筆者作成

6.2.2　ACP の「運動あそび」の事例紹介

ここでは、公益法人日本スポーツ協会が発行している『アクティブ チャイルド プログラム（JSPO-ACP）ガイドブック』（2023年第3版）から幾つかの遊びを紹介します。これらの遊びはACPⅠで実際に行うものです。

(1) からだじゃんけん（図6-1参照）

「からだじゃんけん」は、全身を使ってグー・チョキ・パーのポーズをとる遊びです。「最初はグー」で全身を縮め「じゃんけんぽん！」で勝負をします。基本は、2〜3人が向かい合って行いますが、人数を変えてみるのも良いし、リーダーを決めて勝ち残り戦にするのも楽しく遊べます。また、じゃんけんのポーズを変えてみても面白いと思います。さまざまな工夫ができますが、子どもたちが相談してアレンジしながらルールを決めて行うのが良いと思います。屈伸したり、

図 6-1 「からだじゃんけん」
出典：日本スポーツ協会（JSPO）、アクティブ チャイルド プログラム総合サイト（JSPO-ACP）掲載デジタルブック「楽しい運動遊び集」
https://saas.actibookone.com/content/detail?param＝eyJjb250ZW50TnVtIjoxMTI2MTV9&detailFlg＝1&pNo＝4　（2024年8月26日アクセス）

図 6-2　言うこと一緒、やること一緒
出典：日本スポーツ協会（JSPO）、アクティブ チャイルド プログラム総合サイト（JSPO-ACP）掲載デジタルブック「楽しい運動遊び集」
https://saas.actibookone.com/content/detail?param＝eyJjb250ZW50TnVtIjoxMTI2MTV9&detailFlg＝1&pNo＝4　（2024年8月26日アクセス）

体を大きく開いたりして、ストレッチ効果も期待できます。

(2) 言うこと一緒、やること一緒（図6-2参照）

「言うこと一緒、やること一緒」は、リーダーが「言うこと一緒、やること一緒、右！」と指示すると、リーダーの「右！」に続けて、一列（6人程度）になって手をつないだ子どもは「右」と言いながら右へジャンプします。リーダーは「右」の他に、「左」「前」「後ろ」などジャンプする方向を指示します。リーダーの指示に合わせて、仲間と一緒に上手くジャンプできると楽しく、たとえ失敗しても皆で盛り上がることのできる遊びです。また、「言うこと一緒、やること逆」や「言うこと逆、やること一緒」などリーダーの指示を変えてみる工夫もできます。また、手を繋いで大きな輪をつくってやってみるのも良いし、徐々に人数を増やして大人数で行ってみ

図 6-3 ねことねずみ
出典：日本スポーツ協会（JSPO）、アクティブ チャイルド プログラム総合サイト（JSPO-ACP）掲載デジタルブック「楽しい運動遊び集」
https://saas.actibookone.com/content/detail?param=eyJjb250ZW50Tn VtIjoxMTI2MTV9&detailFlg=1&pNo=16 （2024年8月26日アクセス）

るのも良い方法です。跳躍力を鍛えるのに適しています。

(3) ねことねずみ（図 6-3 参照）

「ねことねずみ」は、瞬発力や脚力を鍛えることができる遊びです。まず、少し広めの場所でラインを4本引き、2グループ（ねこチームとねずみチーム）に分かれた子どもが内側のラインで向き合って立ちます。そして、リーダーが「ね、ね、ね、ねずみ！」と声をかけたら、ねずみチームがねこチームを追いかけます。ねこチームはタッチされないように後方のラインまで逃げるという遊びです。後方のラインに辿りつく前にタッチされたら、相手チームの仲間となります。これをランダムに繰り返して、最後に人数の多いチームが勝ちとなります。リーダーは「ね、ね、ね、ねんど！」など、ねことねずみ以外の指示をだし、フェイントをかけるのもゲームを面白くする工夫です。また、ラインの間隔を変えたり、座ったり、うつ伏せや仰向けの状態からスタートするルールにしてみる工夫もしてみると良いと思います。さらに「ねことねずみ」だけでなく、「タコとタイ」「サメとサケ」などチーム名を変えるのも楽しみを増加させます。

以上のように一部遊びを紹介しましたが、こうした基本の「遊び」にひと工夫を加えたり、新しいルールを設定してみたりして子どもたちが以前に行った遊びであっても飽きることなく楽しく「運動あそび」に参加できます。

6.3 地域社会と共に創る教育プログラム

地域の関係機関にご協力いただきながら教育プログラムを構築していくことは簡単なものではありません。ここでは、大学がどのようにして、この教育プログラムを構築してきたかを紹介し

ていきたいと思います。

　まず前提として、本学のキャンパスが所在している中津川市（経営学部が所在）と瑞浪市（看護学部と短期大学部が所在）と本学の間には、それぞれに連携協定を締結していることが挙げられます（図6-4参照）。これによって、日頃からさまざまな取り組みについての協力関係、信頼関係が構築できています。そうした中で、第7章で紹介しますが、本学が取り組む総合型地域スポーツクラブ「中京学院大学クラブ」でACPの普及活動が行われてきました。このような素地がある中で、経営学部新カリキュラムの策定においてACPを活用した教育プログラムを構築し、正課科目として設置することとなりました。実施にあたっては、地元中津川市の教育委員会を通じて地域の小学校で実習を実施することが可能となっています（図6-5参照）。

　また、この取り組みは、地域社会とWin－Winの関係を構築するために、大学の人的リソース（教職員、学生によるACP実践）、研究リソース（子ども運動能力についての分析）を活用し、地域の課題解決に役立てることにも資する取り組みであると考えています。

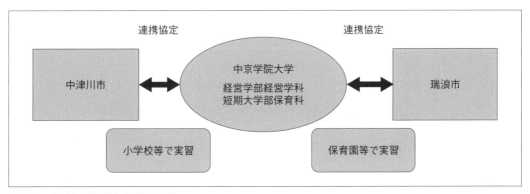

図6-4　本学と自治体との連携関係
出典：筆者作成

図6-5　中津川市立西小学校でのACPの実践風景

このように本学では学生が地域社会で教育・研究活動を地域の方々に協力していただきながら、また協働しながら育っていくという『協育』の考えのもとに活動していきたいと考えています。

6.4　ACPを活用した教育プログラムのこれまでの成果

　このACPを活用した教育プログラムの効果の検証については、国の学術研究助成基金助成金（基盤C）「アクティブ チャイルド プログラムを活用した教育プログラムの構築・実践と効果測定」が採択され、研究レベルで行われることとなりました[3]。したがって、どこまでの効果があったのかについては、これから精緻に実証研究することとなります。ここでは、2024年度の後期に初めて授業を実施してみて、私たち担当教員が感じた成果について述べてみたいと思います。

　まず、2024年度後期に開講された「アクティブ チャイルド プログラムⅠ」の受講生は68名でした。その内訳としては、日本人学生が56名、留学生12名です。男女の人数は、男性57名、女性11名でした。クラス編成は１クラスで設定し、２人の教員とスチューデント・アシスタント（SA）２名の計４名で実施をしました。もちろん留学生も日本人学生と同じクラスで行う形で編成しました。授業前半の講義も同様に１クラスで実施しました。

　学生たちの受講状況を観察してみると、最初に気づいた点は学生同士のコミュニケーションが良く取れているということでした。これには、ふたつの要因があると考えています。ひとつには、本学は学生数が決して多くなく１年次の必修科目が多数あるため、すでに顔見知りになっている割合が高いことにあると考えます。もうひとつは、１年次のゼミであるセルフプロデュースA・Bと担当教員が同じであるという点です[4]。

　次に留学生へのサポートについても日本人学生が彼ら彼女らのサポートを自主的に行っていたということです。これらについても本学の教育の中で常に問いかけている多様性を容認し、共に助け合い学び合うという精神に合致した行動が見られたと嬉しく思っています。さらに、こうした仲間たちと楽しく「運動あそび」に積極的に取り組み一体感を体現できたことには大きな意義があったと考えています。

　さらに、基本の「運動あそび」を工夫してあそびのバリエーションを創作する場面では、各グループが「走力」「跳力」「投力」を向上させるための課題を意識して、積極的に新しいあそびのバリエーションを考案していました。その取り組みの中でアイデア出しや意見交換から独自のあそびのバリエーションを作成し、盛り上がっている姿を見るとアクティブ・ラーニングの重要性や効果に改めて気づくことができました。

　このように、我々が実施する初めてのACPⅠの授業では、最初思い描いていたよりもより学生は楽しみながらまた協力しながら課題に取り組んでいたと思います（図6-6参照）。またこの授業が楽しかっただけに留まらず、この授業でどのような力が培われたかを認識して欲しいと思います。以下に2024年後期に受講した学生の声を掲載いたします。また、新たに開講したこのプログラムが学生の成長にどのように影響したのかについては、これからの研究で明らかにしたいと考えています。

図6-6　2024年度1年次のACPⅠの授業風景

> ACPⅠ受講者の声①
> 子どもたちの投力をつける遊びをしました。まず子どもたちの気持ちになって考えてみることが大切だと感じました。また、教える側も全力でやらなければならないことを体験できました。大学でジュニアスポーツ指導員の資格を取得したいと考えています。

> ACPⅠ受講者の声②
> 今日は「ひよこの闘い」と「ねことねずみ」を行いました。留学生と同チームだったのでコミュニケーションをしっかりと取りながら進めました。どのようにすれば子どもたちが楽しくできるのかを一緒に考えながら実践することが出来ました。

6.5　今後の課題と発展に向けた取り組み

　この授業プログラムは、2024年度から始まったばかりです。よって、これを評価するのには少し早いと考えています。しかしながら、これまで述べてきたように、この取り組みは、経営学部が掲げるディプロマ・ポリシーに則った教育プログラムとして構築し、本学が学生に身に付けさせる力としての「4つの力と11の要素」に合致した内容になっていると考えています。概ねスムーズに実施に至った本教育プログラムですが、今年度の実施状況から今後の課題として以下の点を挙げておきたいと思います。

①グループワークやディスカッションを苦手とする学生へのフォロー
②留学生に対するフォロー（特に日本語がまだ発展途上の学生）
③2年次に実施するACPⅡへの参加人数と定員設定（現在は定員20名で実施予定）
④入学生の増加によるクラス数増加への対応と担当教員の確保
⑤本教育プログラムの効果検証

　こうした課題を解決しつつ、より発展的にこのプログラムを深化させていきたいと考えています。そのためには、本学だけで解決できるものだけでなく、地域にある関係各所の協力が必要となります。したがって、継続的な実習を実施するために友好的な関係構築をより一層図っていく

よう努力していかなければならないと考えています。このような地域の多くの方々に協力いただき実現する『協育』プログラムは、決して大学の独りよがりとなることなく、地域の関係機関とWin－Winの関係を構築する必要があります。私たち大学教職員一同そうした気持ちを常に抱きながらより良い教育を目指していきます。

注

1）スポーツ庁「調査結果の総括」『令和4年度全国体力・運動能力、運動習慣等調査結果』 https://www.mext.go.jp/sports/content/20221215-spt_sseisaku02-000026462_4.pdf （2024年9月12日アクセス）
2）スポーツ庁「調査結果の総括」『令和5年度全国体力・運動能力、運動習慣等調査結果』https://www.mext.go.jp/sports/content/20231218-spt_sseisaku02-000032954_202.pdf（2024年9月12日アクセス）
3）学術研究助成基金助成金（基盤Ｃ）「アクティブ チャイルド プログラムを活用した教育プログラムの構築・実践と効果測定」課題番号（24Ｋ06223）研究代表者 横井喜彦、研究分担者 横谷淳、石川哲也、宮嶋恒二、大須賀元彦。
4）筆者である経営学部専任講師横谷淳ならびに同じく専任講師宮嶋恒二が担当している。セルフプロデュースＡ・Ｂは、さらに学長の林勇人が担当している。

参考文献

公益財団法人日本スポーツ協会（2023）『アクティブ チャイルド プログラム（JSPO-ACP）ガイドブック』公益財団法人日本スポーツ協会
佐藤善人・青野博編（2015）『ACP 子どもの心と体を育む楽しいあそび』ベースボールマガジン社
スポーツ庁「調査結果の総括」『令和4年度全国体力・運動能力、運動習慣等調査結果』, https://www.mext.go.jp/sports/content/20221215-spt_sseisaku02-000026462_4.pdf（2024年9月12日アクセス）
スポーツ庁「調査結果の総括」『令和5年度全国体力・運動能力、運動習慣等調査結果』, https://www.mext.go.jp/sports/content/20231218-spt_sseisaku02-000032954_202.pdf（2024年9月12日アクセス）
日本スポーツ協会（JSPO）、アクティブ チャイルド プログラム総合サイト（JSPO-ACP）掲載デジタルブック「楽しい運動遊び集」、https://www.japan-sports.or.jp/Portals/0/acp/（2024年8月26日アクセス）

Column

ACP 導入による子どもの体力向上と地域連携

中津川市立西小学校　校長　田口宏二

　「ACP」導入の目的としましては、コロナ渦によって子どもの体力が低下したため、運動する機会を増やし、子どもが楽しんで運動に親しむ習慣をつけさせるために導入を考えました。大学生と小学生と関わることの良さとして、外部の指導者が来ることで新鮮味があり、大学生との年齢が近いことが子どもにとって刺激的で受け入れやすいのではと思いました。

　ACP 導入の成果としましては、教員の「ACP」への意識が高まり、学校活動の中での「ACP」の実施が多くなり、子どもたちの20mシャトルランの記録が昨年度より向上した結果になりました。児童と先生の関係性の変化を見たときに、毎週金曜日の朝に「ACP」を取り入れた活動を行うことで、子どもたちの人間関係やコミュニケーションが向上しました。

　今後の ACP 活動で望まれることとしては、「握力と柔軟性」の向上を目指し、楽しんでやれるACP の活動を期待しています。また中京学院大学の大学生が来ることで、小学生との良い関係性が築かれ、地域全体の盛り上がりに繋がると考えられますので、小学生が中京学院大学のイベントに参加する機会を増やすことを提案します。

Column

ACP 運動導入の理由と効果、今後の展望について

中津川市立南小学校　体育主任　工藤喜史

　ACP の授業導入の理由としまして、通常の体育の授業が面白くないと感じたため、子どもたちのやる気を引き出すために ACP 運動を導入しました。また、運動を嫌いな児童が増加していることも理由の一つとして考えられます。運動嫌いの原因としては、コロナ禍で運動する機会が減少し、運動を簡単にできる場所が制限されていることが原因と考えられます。

　ACP 導入によって子どもたちに変化が現れました。運動が好きな子どもの割合が80%から95%に増加し、仲間同士のコミュニケーションも増えました。昼休みの外遊びや学級遊びの頻度も増加しました。

　子どもたちと先生との関係性も良くなり、ACP を通じて授業が楽しくなり、子どもたちが質問しやすくなりました。コミュニケーションの数も増え、関係性が深まりました。

　今後の ACP 活動の具体的な望みとしては、各単元に応じた ACP 運動を取り入れ、楽しさに加えて競技性や専門性も身につけることが望ましいと思います。また、ウォーミングアップとしてのACP の連動性を高めることができると考えます。

　今後、中京学院大学との連携を強化し、大学生がスポーツ教室を開くことで子どもたちがスポーツに親しめる環境を作ることが望まれます。

第7章　スポーツを通じた地域貢献
―総合型地域スポーツクラブ「中京学院大学クラブ」の取り組み―

横谷　淳

7.1　はじめに

　本学では、2022年6月に「総合型地域スポーツクラブ　中京学院大学クラブ」を発足させました。我が国のスポーツ振興については、2012年3月に初めて文部科学省がスポーツ基本計画（第1期：2012年度〜2016年度）[1]を策定しました。この計画の第3章の中で「住民が主体的に参画する地域のスポーツ環境の整備」の項目が設けられ、総合型地域スポーツクラブの育成やスポーツ指導者・スポーツ施設の充実を図ることが政策目標として掲げられました。この中には、「地域の企業や大学は、人材や施設、研究能力等、スポーツについて豊富な資源を有しており、地域スポーツにおいて、これらを積極的に活用していくため、企業や大学等との連携を図る」ことが盛り込まれています。

　続く第2期スポーツ基本計画（2017年度〜2021年度）[2]では、「総合型地域スポーツクラブの質的充実」が掲げられています。その中で、住民が種目を超えてスポーツを「する」「ささえる」仕組みとして、総合型クラブが持続的に地域スポーツの担い手としての役割を果たしていくため、クラブ数の量的拡大から質的な充実により重点を移して施策を推進することが目標として掲げられました。加えて、総合型クラブによる地域の課題解決に向けた取り組みの推進が期待されることとなりました。

　さらに、第3期のスポーツ基本計画（2022年度〜2026年度）[3]においても①スポーツに係る地域の団体や人材の連携推進により、地域資源を最大限に活用し、スポーツの場、プログラム、指導者等の充実を図る、②総合型クラブやスポーツ少年団の体制強化や役割拡大により、より幅広いニーズに応えられる地域スポーツ環境を構築する、などの施策が目標として掲げられています。このように国のスポーツに関する政策中で、地域におけるスポーツ振興のあり方を政策として示しています。

　また、こうした政策を具現化するひとつの組織として、公益財団法人日本スポーツ協会が存在しますが、当該協会は2023年3月に「総合型地域スポーツクラブ育成プラン2023-2027」[4]を策定しています。この中で総合型地域スポーツクラブ育成の基本理念は「一人ひとりが主体的にスポーツ文化を豊かに享受する場を各地域に創出・提供し、遍（あまね）く人々が差別なくスポーツの恩恵に浴するとともに、住民の連携・協働によって地域の絆を培い、地域社会の発展に寄与していくという『スポーツを核とした豊かな地域コミュニティの創造』」[5]であると確認しています。その上で、総合型地域スポーツクラブ育成の「基本方針」を示しています。

このように国のスポーツに係る施策と本学の建学の精神である「学術とスポーツの真剣味の殿堂たれ」の精神に則り、中京学院大学クラブを設立することとなりました（図7-1参照）。その設立の目的は、「中京学院大学クラブは、岐阜県東濃地区を中心にさまざまな形でスポーツにかかわる人々が、本学が持つ施設や指導者、学生のスポーツ資源を活用することで、トップスポーツと地域スポーツの好循環を創り出し、トップアスリートや指導者を育成するとともに、地域の人づくり、まちづくりに貢献すること」にあります。また、具体的な事業、活動については、

① 「ジュニアアスリートを育成・強化する事業」として、地元、中津川市、東濃地区の小学生、中学生、高校生に向けて専門的な知識豊富な大学生、指導者がアスリートの育成のために力を注ぐことにより、東濃地区における競技力の向上をもたらし、地域からトップアスリートを輩出する可能性を広げることに貢献する。

② 「指導者育成及び養成をする事業」として、選手に向けての指導に留まらず、本学のエキスパート指導者軍団による地域指導者、指導者をめざす方々への講習会、指導を行うことにより、生涯スポーツをはじめとしたスポーツにおける底辺の広がりにつながり、この広がりがアスリートにおけるレベルの高まりに貢献する。

③ 「地域住民の健康体力の維持増進をする事業」として、地域の体育館、公民館等で老若男女問わず、健康体力の維持増進のための活動を計画し、現在活動されている会場に学生や指導者を派遣し、より効果のある活動を進めることにより、ひいては地域の医療費・介護費用の削減に貢献する。

④ 「イベント企画及び運営をする事業」として、本学の施設を活用し、合同練習会や大会を開催し本学の学生を中心に運営をしていく。

⑤ 「地域コミュニティの形成等に寄与する事業」として、先人たちが紡いできた地域の輝きとその志を継承していく土壌がコミュニティとなる。そこで、「中京学院大学クラブ」の活動

図7-1　中京学院大学クラブ設立の会

が、地域に関わる全ての人々に誇りと愛着を持てるようにしていく。
⑥「本クラブの目的達成の為の事業」として、岐阜県東濃地区を中心にさまざまな形でスポーツにかかわる人々が、本学が持つ施設や指導者、学生のスポーツ資源を活用することで、トップスポーツと地域スポーツの好循環を創出し、トップアスリートや指導者を育成、地域の人づくり、まちづくりに貢献する。

以上のとおり、本学では建学の精神を具現化する教育活動の一環として、中京学院大学クラブを立ち上げ、学生を主体にスポーツを通じた地域貢献活動を実践しています。

7.2 中京学院大学クラブの活動内容

続いて、中京学院大学クラブのこれまでの活動状況について紹介します。第1章で言及されているようにまず、クラブに所属する者の心構えとして「中京学院PRIDE」が存在します。これは、本学の建学の精神に則り、スポーツは教育目的を達成するための支柱と位置づけています。スポーツの意義が多岐に渡る時代にあって、スポーツから社会に通用する人財を育てたいと考えています。これを使命とし、中京学院大学クラブに所属する選手の誇り、在り方を示すものとして「中京学院PRIDE」5Sを定めました。その内容は、以下のとおりです。

　フェアプレイ精神　Spirit of Playing fair
　他者を尊重する精神　Spirit of Respecting others
　自己改革する精神　Spirit of Innovating yourself
　諦めない精神（挫けない精神）　Spirit of not being Discouraged
　味わえることすべてを楽しむ精神　Spirit of Enjoying all experience

このような精神を常に心に置きながら、「中京学院大学クラブ」は東濃地域を中心とした地域の人づくり、街づくりに貢献しています。これまで取り組んできた内容を紹介していきます。

7.2.1 ジュニアアスリートを育成・強化する事業について

最初の取り組みとして、「ジュニアアスリートを育成・強化する事業」として、「スポーツ教室」やアクティブ チャイルド プログラム（以下ACP）活動の普及を行っています。「スポーツ教室」では、子どもたちにそれぞれが所属するクラブの技術を教えることやスポーツの楽しさを伝える活動を以下のとおり行っています。

【卓球教室】
中京学院大学クラブ「卓球教室」は毎週火曜日と金曜日の週2回開催され、地元の小学生、中学生、高校生を対象に大学生が指導を行っています。毎回4〜6人の大学生が指導に当たっています。また、毎月の最終金曜日には、「Nリーグ」を開催し、中津川市の小・中・高校生のみならず、東濃地区の老若男女が集まり大会を開催しています。そこでは大学生がいくつかのリーグに別れ、試合進行をすると共に試合を行い、参加者の卓球の技術の向上のために活動しています（図7-2参照）。

【坂下地区卓球教室】

坂下地区の小学生・中学生を対象に毎週1回木曜日に大学生男女各1名が指導に出向き、坂下地区の子どもたちの卓球技術の向上のために卓球教室を行っています。

【ビバ・スポーツクラブ卓球教室】

中津川市内別の総合型地域スポーツクラブ「Viva! 中津川」とコラボし、中津川市立第二中学校の中学生、第二中学校区の小学生を対象とした子どもたちに、大学生男女各1名が指導に出向き、第二中学校区の子どもたちの卓球技術の向上のために卓球教室を行っています。

【ソフトボール教室】

本学女子ソフトボール部と実業団チームと共に東濃地区の5歳児から高校生までを対象にソフトボール教室を行いました。打撃と守備に別れ、実業団選手の専門的な指導に大学生が支援する形で教室活動が進められました。

【野球教室】

図7-2　卓球教室の様子

図7-3　ACP教室の活動風景

東濃地区の少年団や中津川市の少年野球チームを対象に軟式野球の教室を開催しました。東濃地区の野球少年団には、大学生を週に一度のペースで数人派遣し、野球教室を行っています。また、中津川市の野球少年団を招集し、本学軟式野球部の監督、コーチ、学生が野球教室を開催して、小中学生とふれあいながら野球の技術向上に努めています。

【空手道教室】

中津川市の幼稚園に大学生を派遣し、幼稚園児に空手道の型を教えるという取り組みを行いま

した。

　また、スポーツクラブでは ACP の普及活動を行っています（図7-3参照）。ACP については、第6章で述べたとおり、正課科目の中で中京学院大学のコア科目（1・2年生対象）として設置していますが、それを支えるのが中京学院大学クラブの存在です。スポーツクラブの役員の多くが、日本スポーツ協会が主催する ACP 研修会に参加し、ACP の理念や活用法を学んでいます。また、実技をとおして子どもたちがどのようにすれば楽しみながら安全に運動あそびを出来るかについて指導を受け実践しています。現在は、中津川市や瑞浪市の小学校や児童館などで ACP の活動を積極的に行っています。以下に ACP の活動を行っている学生の声を掲載します。

> ACP を指導する学生の声①
> ACP では私も一緒になって笑顔で楽しく活動しています！　子どもたちに身体を動かす重要性を伝えながら、私も含め指導者を目指す学生にとっては貴重な学習の機会です。

> ACP を指導する学生の声②
> ACP の活動を通して子どもたちと楽しくコミュニケーションをとることができ、普段の大学生活では体験できないようなことを経験できています。

7.2.2　地域住民の健康体力の維持増進をする事業について

　次に「地域住民の健康体力の維持増進をする事業」として、「おんさい中京学院」や「レク＋アス　エンジョイ　フェスティバル」を開催しています（図7-4参照）。

　「おんさい中京学院」の活動は、中高年を対象に、心身の健康増進を目的とした活動を大学内で行うというものです。「おんさい」とは、この地域での方言で「おいでなさい」という意味です。「来てください！　中京学院大学に！」という意味になります。年間10回程度開催しています。地域住民の高齢者の方が参加し、若者と楽しく運動を行うことで健康増進を図っています。

　続いて、「レク＋アス　エンジョイ　フェスティバル」の開催です。この取り組みは、本学と中津川市レクレーション協会が共催し、本学のクラブ活動の体験と、レクレーション協会が提供するレクレーションを体験するものです。地域の子どもから高齢者まで多くの方が参加し、スポーツとレクレーションを楽しむことができました。2025年の開催は、さらに発展させスポーツフェスティバルとして開催することになっています。

図7-4　2024年2月に開催された「レク＋アス　エンジョイ　フェスティバル」の様子

表7-1　中京学院大学クラブ主催アスリート講演会の開催実績

回	年月日	講演者	講演のテーマ
第1回	2022年10月8日	若井あつこ 氏	「スポーツとまちづくり」
第2回	2023年9月27日	牛島　千春 氏	「試合前後の食事と補食」
第3回	2023年11月11日	高橋　政紀 氏	「人を育てるスポーツが地域の未来を拓く」
第4回	2024年12月8日	池ノ内亮介 氏	「プロアスリートの成功・失敗の経験から学び、今後の自分たちに活かす！」

出典：筆者作成

図7-5　2024年春の激励会の模様

7.2.3　イベント企画及び運営する事業

　続いて、「イベント企画及び運営する事業」として、「アスリート講演会」および「夏・秋の激励会」を紹介します。

　「アスリート講演会」は、これまでに3回開催されてきました（表7-1参照）。第1回は「スポーツとまちづくり」というテーマで、2004年世界空手道選手権で史上初の4連覇を達成した若井あつこ氏に講演いただきました。また、第2回はアスリートに対する栄養講演会として、公認スポーツ栄養士の牛島千春氏に「試合前後の食事と補食」をテーマに講演いただきました。第3回は「人を育てるスポーツが地域の未来を拓く」をテーマにスポーツ哲学やスポーツ精神医学を専門とする高橋政紀氏に講演いただきました。第4回は「プロアスリートの成功・失敗の経験から学び、今後の自分たちに活かす！」をテーマに元プロ野球選手（現本学硬式野球部コーチ）の池ノ内亮介氏に講演いただきました。

　こうした活動の実施要項および準備要綱の作成、会場との打ち合わせなど、事前準備から当日

の司会・受付・代表挨拶まで、すべて学生たち自らが中心となって行っています。このような普段の大学生活では体験することの出来ない経験を積むことで、後程紹介する学生の声のように、学生の著しい成長が見られました。

　また、中京学院大学クラブは「夏・秋の激励会」を主催しています（図7-5参照）。この激励会は、全国大会に出場するクラブへ激励を送るため6月と10月に開催されています。激励会には中津川市長をはじめ、地域から多くの来賓の方に出席いただいています。このように地域の方々から応援され、中京学院大学代表というだけでなく、地域の代表として全国大会での活躍を激励しています。

7.2.4　地域イベントへの積極的な参加について

　最後に、「地域イベントへの積極的な参加」として、「まちなか文化祭」や「警察ボランティア活動」があります。

　「まちなか文化祭」は、中津川市が主催する町中文化祭に中京学院大学の4つの部活動が参加し、地域の方々にスポーツ体験を提供しました。2023年10月8日にひと・まちテラスで開催されたこの文化祭には約800名が参加しました。

　また、「警察ボランティア活動」は、中津川警察署、中津川市とコラボし、本学学生が一日署長を務め、市民に「防犯・交通安全・災害への備え」のチラシを配布しながら広報啓発活動を実施しました。さらに、地域の小学生にスポーツの楽しさを教える活動も併せて行われました。

　このように地域型スポーツクラブ「中京学院大学クラブ」では、設立の趣旨に則り、東濃地域にある唯一の高等教育機関として、学生が主体にスポーツを通した地域貢献活動を積極的に行っています。

表7-2　大学スポーツ資源を活用した地域振興の事例

大学名	取り組み	事業内容
青山学院大学	これからの社会を担う新たなスポーツ指導者育成システム開発	指導者育成研修関連事業
		地域社会貢献イベント事業
桜美林大学	中学校の週末部活動の地域移行に伴う、地域の指導者を育成する	町田市ジュニアスポーツ指導者育成事業
国際武道大学	地域社会で子どもたちの基礎体力の引き上げを行う	放課後マルチスポーツ教室
		こども園マルチスポーツ教室
八戸学院大学	氷都・八戸における次世代育成と食による地域活性化プログラム	次世代育成プログラム
		スポーツ栄養・食育講座
		次世代育成と食による地域活性化懇話会
福岡大学	多様性を受け入れる事業構成でスポーツ参画人口の拡大と機会や場の創出に貢献	学校教育スポーツ事業
		社会人スポーツに関する事業
		中高年健康づくりに関する事業
		地元スポーツ団体とのコラボレーション事業

出典：大学スポーツ協会『大学スポーツ資源を活用した地域振興モデル創出支援事業』パンフレット[6]より筆者作成

7.3 スポーツを通じた地域における大学の役割

7.3.1 大学スポーツ資源を活用した地域振興の事例

　これまで見てきたように、「中京学院大学クラブ」の活動からスポーツを通じた地域における大学の役割は、大変重要なものとなってきています。ここでは、一般社団法人大学スポーツ協会が発行している「大学スポーツ資源を活用した地域振興モデル創出支援事業」を概観し、地域においてスポーツを通じた地域貢献活動を行っている事例を5大学紹介します（表7-2参照）。

　青山学院大学では、将来のライフスタイルを決定する時期である子どもの「スポーツ離れ」、それに関連する「スポーツ指導者の量的・質的不足」、大きな教育的意義を有する運動部活動の「地域移行推進」を課題として取り上げ、この課題を解決一つの方策としてこれからの社会を担う「信頼されるスポーツ指導者」の育成開発システムを目的に各事業が実施されました。

　桜美林大学は、町田市において令和3年度に実施された市民調査アンケート結果において、スポーツに関する指導・運営に関するボランティア活動を行った市民は全体のわずか3.3%に留まり、それ受けての町田市ジュニアスポーツ指導者養成事業は、市民におけるスポーツの指導者数の低迷を是正する目的で取り組まれました。

　国際武道大学の取り組みは、新型コロナウイルス感染症の流行によって、子どもたちの社会的な体力低下と運動機会の減少が懸念されていたことに着目し、主に幼児と小学校低学年を対象とし、運動の機会を創出し、身体変化を促すことを目的として実施されました。加えて地域課題としての遊び時間の減少や基礎体力、姿勢、体幹力の低下に対してもアプローチを行った事例です。

　八戸学院大学では、子どもたちの基礎体力向上、スポーツへの興味関心を高めること、そして地域全体で次世代を育成するための基盤の醸成ならびに地域におけるスポーツ関連団体の活動の刺激を目的として実施されたものです。

　最後に紹介する福岡大学の事業は、スポーツ参画人口の拡大と機会や場の創出に貢献することを目的としています。子ども向けに体力向上策の推進、小学校体育授業支援を行い、社会人・シニア層へは運動機会を創出しています。豊かな大学スポーツ資源（施設・指導者・学生）の有効活用による福岡市スポーツ推進計画の実現にも寄与することも目的となっています。

　この他にも、多くの大学がスポーツを通してさまざまな地域貢献活動を行っています。これらの取り組みは、大学の社会的使命である教育・研究活動を通じた社会貢献活動として各大学がその地域の課題に即した取り組みを行っているといえます。

7.3.2 本学の取り組みの特徴と現状

　本学の取り組みについて改めて見てみると、「ジュニアアスリートを育成・強化する事業」、「指導者育成及び養成をする事業」、「地域住民の健康体力の維持増進をする事業」、「イベント企画及び運営をする事業」、「地域コミュニティの形成等に寄与する事業」、そして「本クラブの目的達成の為の事業」を展開しています。これらの事業運営については、本学では教職員のサポー

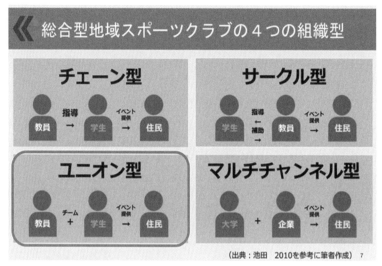

図7-6　総合型地域スポーツクラブの4つの組織型
出典：川渕・神尾（2024）より

トのもとですが、基本的には学生が主体となってこの活動を行っています。創成期ということもあり教職員と一緒に会議をもち企画・運営にあたっています。図7-6は2024年2月22日（木）・23日（金）に中京学院大学で開催された日本ビジネス実務学会中部ブロック研究会で当時学生だった経営学部4年川渕怜央氏（現在、中京学院大学事務職員）と神尾拓真氏が発表した資料（「総合型地域スポーツクラブにおける組織運営の現状と課題－中京学院大学クラブの事例から－」）です。ここでの発表では、池田（2010）から総合型地域スポーツクラブの4つの組織型を示しています。これによると、本学の組織体制は「ユニオン型」であると指摘しており、「教員と学生がユニオン（統合組織）を形成し、ともに作り上げる徐々にパートナーとして地域住民にプログラムを提供する」[7]型であると結論づけています。

さらにこの発表では、組織運営の現状として約2年間の活動を通して多くのイベント、スポーツ教室を企画・運営してきたことが報告されました。また、役員も当初より徐々に増加し、地域活動が広まりつつあると述べています。特にACPの活動は地域の新聞に取り上げられるほどの広がりを見せています。

このように本学は学生主体の活動を基本としますが、教職員も含む大学全体の取り組みとして位置づけて運営されている点が大きな特徴であると考えています。

7.4　中京学院大学クラブを通じた地域を支える人財育成と学生の成長

これまで見てきたように、この「中京学院大学クラブ」の活動を通して教職員から学生の大きな成長を実感することができます。その要因としては、地域のさまざまな方々と接していくことが大きいと考えています。例えば、「スポーツ教室」や「おんさい中京学院」などで子どもたちや高齢者の方々と接する場面での人への思いやり、そして世代を超えて多様な人々とコミュニケ

ーションをとる必要があります。また、人に物事を教える際に、上手く出来ない人に対して相手の気持ちになって教えることを学びます。その際には洞察力や忍耐力が必要であり、出来なかった人が出来るようになったときに共に喜び合える共感力も併せ持つ必要があります。さらに、いろいろな企画を考えそれを実行に移す企画力、創造力そしてそれを実行していく力、その中でさまざまな問題に対応する課題発見力や解決力を養っています。また、こうした多くの取り組みの紹介を行うことや報告会での発表などで発信力やプレゼンテーション力を培っています。

　このように本学か掲げる「真剣味」を具現化する「4つの力11の要素」の力を間違いなく向上させていると言えます。こうした彼ら彼女らの成長が大学、地域、社会にとっての大きな財産となることは間違いありません。学生の成長を実感でき、教職員がともに成長出来る機会として、「中京学院大学クラブ」の取り組みは、まさしく本学のコンセプトコピー『いつも学生と共に〜Here is second home for you〜』を具現化したものであるといえます。以下には「中京学院大学クラブ」で活動する学生たちの声を掲載しました。

学生の成長実感①
多角的な視点で物事を見られるようになりました。私は会長だったので、責任や最終的な決定権を持っていたので、リーダーシップと決断力が身につきました。
　　　　　　　　　　　　　　　2024年3月卒業

学生の成長実感②
企画の立案と実行やイベントの進め方、人前で話す力が身についたと思います。また、多くの方々と議論する力も身につきました。
　　　　　　　　　　　　　　　2024年3月卒業

学生の成長実感③
講演会で開会の挨拶をしましたが、大変緊張しました。催し物においての準備の大切さと人との関わり方を学ぶことができ、大変やりがいを感じています。
　　　　　　　　　　　　　　　経営学部4年

学生の成長実感④
学年やクラブに関係なく、多くの学生と仲良くなれました。先生方や地域の方々、他校と関わる機会も多く、コミュニケーション能力を身につけることができました。
　　　　　　　　　　　　　　　経営学部4年

7.5　さらなる発展に向けての課題と展望

　この取り組みにより学生の著しい成長を確認できる一方、課題も残っています。ひとつは、組織運営上の課題です。このことについては、先に紹介した学会での学生の発表でもありましたが、ひとつには人財不足です。本学は地方の小規模大学であり、現在経営学部の学生数は329人（2024年5月1日現在）となっています。その中から積極的に取り組んでくれる人財を探さなければなりません。次に、先の問題と重なりますがスポーツクラブに対する理解不足です。本学学生の多くは強化クラブに所属しているため、自らの競技に集中する必要があります。そのため、競技に支障をきたすのではないかという不安が残ります。こうした精神的な障壁を低くしていく必要があります。最後に組織運営上の対策です。この取り組みは、各所属する学部、学年や部（クラブ）の垣根を越えて中京学院大学の学生として組織を運営していかなければなりません。他学部は瑞浪市にキャンパスがあり物理的な距離も離れています。このような問題も解決しながら多くの学

生が参画できる組織としていかなければならないと考えています。そして、「中京学院大学クラブ」が発展していくためには、部活生が輝く場の提供、役員へのアンケート調査の実施、広報活動の拡充[8]などを実施していかなければならないという指摘があります。

　「中京学院大学クラブ」で活動している学生やその企画に参加し、地域の人々と触れ合う部活生の輝いている姿を見ると、学生たちの成長が目の当たりにでき、感激、感動する場面が多々あります。こうした姿を多く発信することで、この取り組みの素晴らしさの理解が広まり、次世代にこのバトンをしっかりと繋いでいってくれると信じています。

注
1 ）文部科学省「スポーツ基本計画」（第 1 期），https://www.mext.go.jp/component/a_menu/sports/detail/__icsFiles/afieldfile/2012/04/02/1319359_3_1.pdf（2024年 7 月16日アクセス）
2 ）文部科学省「スポーツ基本計画」（第 2 期），https://www.mext.go.jp/sports/content/1383656_002.pdf（2024年 7 月16日アクセス）
3 ）文部科学省「スポーツ基本計画」（第 3 期），https://www.mext.go.jp/sports/content/000021299_20220316_3.pdf（2024年 7 月16日アクセス）
4 ）公益財団法人日本スポーツ協会「総合型地域スポーツクラブ育成プラン2023-2027」，https://www.japan-sports.or.jp/Portals/0/data/kurabuikusei/doc/ikuseiplan2023-2027.pdf（2024年 7 月16日アクセス）
5 ）「育成プラン2013」で提示されている。
6 ）この 5 大学以外に愛知東邦大学、鹿屋体育大学、環太平洋大学、神戸国際大学、四国大学、順天堂大学、仙台大学、びわこ成蹊スポーツ大学の取り組みが紹介されている。
7 ）池田孝博（2010）「大学を拠点とした総合型地域スポーツクラブの運営に関する諸問題」『福岡県立大学人間社会学部紀要』Vol. 19, No. 1, p. 4. 福岡県立大学
8 ）川渕怜央・神尾拓真（2024）「総合型地域スポーツクラブにおける組織運営の現状と課題－中京学院大学クラブの事例から－」日本ビジネス実務学会中部ブロック研究会発表資料

参考文献
池田孝博（2010）「大学を拠点とした総合型地域スポーツクラブの運営に関する諸問題」福岡県立大学人間社会学部紀要，Vol. 19, No. 1, 1-8.
川渕怜央・神尾拓真（2024）「総合型地域スポーツクラブにおける組織運営の現状と課題－中京学院大学クラブの事例から－」日本ビジネス実務学会中部ブロック研究会発表資料
公益財団法人日本スポーツ協会「総合型地域スポーツクラブ育成プラン2023-2027」https://www.japan-sports.or.jp/Portals/0/data/kurabuikusei/doc/ikuseiplan2023-2027.pdf（2024年 7 月16日アクセス）
中京学院大学クラブ「中京学院大学クラブ年間報告2023 第 1 号」
中京学院大学「クラブガイド2025」
文部科学省「スポーツ基本計画」（第 1 期），https://www.mext.go.jp/component/a_menu/sports/detail/__icsFiles/afieldfile/2012/04/02/1319359_3_1.pdf（2024年 7 月16日アクセス）
文部科学省「スポーツ基本計画」（第 2 期），https://www.mext.go.jp/sports/content/1383656_002.pdf（2024年 7 月16日アクセス）
文部科学省「スポーツ基本計画」（第 3 期），https://www.mext.go.jp/sports/content/000021299_20220316_3.pdf（2024年 7 月16日アクセス）

= Column =

中京学院大学クラブの地域貢献とスポーツ振興活動

中津川市文化スポーツ部　部長　松井嘉之

　中京学院大学クラブが2022年に中津川市で6番目に設立され、地域のスポーツ振興や健康増進、地域コミュニティーの形成において重要な役割を果たしていただいていることに感謝を申し上げます。

　現状の活動は、中京学院大学の建学の精神「学術とスポーツの真剣味の殿堂たれ」に基づいた特徴や強みを最大限に活かし、市内の小中高生に対して直接的な技術指導やアドバイスが受けられる卓球教室が卓球部員により定期的に実施され、各選手の強化と普及に大きく寄与いただいております。また、軟式野球教室につきましても、少年野球、中学校の軟式野球の技術向上のために、軟式野球部員、監督、コーチが直接指導にあたっていただくなど、レベル向上と試合での好成績につながっております。

　東京2020オリンピック関連活動といたしまして、当市で実施された2021年の東京オリンピック聖火リレーやアメリカレスリングチームの事前合宿では、中京学院大学の学生がスタッフとして運営に携わっていただきました。また、「中津川リレーマラソン」では学生がスタッフとして大会を支えるほか、選手として参加し大会を大いに盛り上げていただきました。このような大型スポーツイベントの開催には、中京学院大学の存在意義は高まるばかりであり、継続的な活動支援を改めてお願いするものです。

　近年では、子ども達の運動離れが懸念され、中学校の部活動加入率も低下傾向にある中、本スポーツクラブの活動を通じて、青少年にスポーツの楽しさや魅力を伝える事が強く求められています。その中で、「レク＋アス　エンジョイ　フェスティバル」では、中京学院大学と中津川市レクリエーション協会の主催により、幼児から小学生向けにスポーツの楽しさを体験、体感できる機会の提供をいただきました。今後も引き続き推進いただくことをご期待申し上げます。

　今後、中京学院大学スポーツクラブへの期待としましては、「スポーツによる街づくり」が根付くよう、複数競技においてスポーツ教室の開催や各地（学校やクラブチーム）へ学生が出向いて実施する出前教室など幅広い活動を展開され、学生が単に技術指導に留まることなく子ども達の良き相談相手となり、メンタル的なアドバイスなども行っていただくことにより心身共にたくましい子が育まれ、いきいきとしたスポーツによる街づくりにつながるとともに、本クラブ並びに学生のますますのご活躍を願ってやみません。

第 8 章　大学生が共に学ぶ教育
― 大学間交流の実践的取り組みとその成果 ―

大須賀元彦

8.1　はじめに

　大学間交流は教育研究の向上等を目的にさまざまな場面において多くの大学で行われており、中京学院大学（以下、本学）においても地域をテーマとした学びや研究活動の観点から積極的に実施され、経営学部の学生もこの取り組みに参加しています。この章では大学間交流を通した地域の学びの実践について取り上げていきます。

　本学では2022年度から九州共立大学、愛知東邦大学と連携した大学間の交流事業（以下、交流事業）を実施しています。第 1 回の交流事業は2023年 2 月16日から18日にかけて、第 2 回の交流事業は2024年 2 月27日から29日にかけて行われました。なお、第 2 回には九州女子大学（九州共立大学と同法人）も参加し、参加大学数を増やす形で実施されました。

　本交流事業のプログラムは主に「エクスカーション」、「学生発表」、「グループワーク」から構成され、交流事業を通して自大学だけでは学ぶことができない体験や新たな知見を修得することを主たる目的としています。

8.2　交流事業の背景

　本交流事業の取り組みに至る経緯は本学の教学IR室が企画運営している教学IRに関する研修会が契機となっています[1]。本交流事業の本学担当者の大須賀（筆者）は2021年度より九州共立大学および九州女子大学と教学IR研修会を実施し、その際に九州共立大学の西川三恵子教授[2]と今後の大学間連携を広げる観点から学生も含めた形で何か交流できないかと考え、地域の学びをテーマとした交流事業を企画するに至りました。なお本交流事業を実施する以前より、九州共立大学は愛知東邦大学と交流事業を行っており、2022年度からそこに本学が加わる形で現在の交流事業が展開されています。

8.3　交流事業の目的

　本交流事業の目的は先述したとおり、参加大学が実践している地域の学びの成果を共有することで、自大学だけでは学ぶことができない体験や新たな知見を得ることです。またそれに付随して、参加大学の教員間の交流も図ることで、地域の学びに関する自大学の教育プログラム等を改

善させる FD（Faculty Development）の役割も担っています。

8.4 第1回交流事業の具体的な取り組み内容

この節では、第1回交流事業の具体的な取り組み内容について紹介していきます。2023年2月16日から18日にかけて行われた第1回交流事業のプログラムは、上述した交流事業の目的の下、2022年9月から九州共立大学の西川教授、同大学の堂野崎融教授、愛知東邦大学の手嶋慎介教授、そして本学の大須賀が中心となりオンライン会議等で検討を重ねてきました。

プログラムの検討に関しては、まず九州共立大学で実施するという地理的な特性を活かし、エクスカーションを実施することとしました。日程的な制約を考慮し、1箇所目のエクスカーション先として、本学が位置する岐阜県にはない港に関する歴史的な街並みを体験する機会として福岡県北九州市に位置する「門司港レトロ」を選定しました。2箇所目のエクスカーション先は歴史的建造物やその街並みから、その地域性についての見識を深めるために同県太宰府市にある「大宰府天満宮」を選びました。

次に学生発表は、各大学の地域の学びの実践事例を学ぶ機会であると共に、自大学の学びを参加大学に広める役割を担っていることから、本学においても参加者の選抜に力を入れています。具体的には地域の学びに取り組んでおり、また本学の代表としてふさわしい学生を選抜する必要性があることから、学長が中心となって人選を行っています。その結果、本学からは短期大学部健康栄養学科2名、短期大学部保育科1名、経営学部経営学科2名、の計5名（全員1年次）が選ばれました。その後、学長や大須賀らが事前指導を繰り返し、より良い発表ができるように準備を重ねました。

また関連する教職員に広く本事業の取り組みを理解してもらうために、一部のプログラムをオンラインで同時配信することとしました。最終的に第1回交流事業のプログラムの概要は表8-1が示すものとなりました。

表8-1が示すように、初日は「門司港レトロ」においてエクスカーションを実施しました。門司港レトロでのエクスカーションでは九州共立大学の2名の学生が本学の学生をガイドする形で展開されました。また西川教授による当該地域の歴史に関する説明等も随時行われ、岐阜県で体験することができない「港」の地域資源の在り方について理解を深めました（図8-1参照）。門司港レトロのエクスカーションを終えた後、夕食を兼ねた懇親会が開催され、愛知東邦大学も参加し、交流が図られました。

2日目は本交流事業のメインのプログラムである学生発表とグループワーク等が実施されました。プログラム冒頭で本学学長より、参加大学を代表してオンラインにて挨拶があり、続く学生発表では九州共立大学の2組の発表が行われました。その中の1つは企業から協力を得た成果発表であり、実際に使用されたロボットも登場するなど参加者にとって大変印象に残るものでした。

次いで本学の発表に移り、計4組の発表が行われました。本学では初年次基礎教育の一環として多様性や表現力を育成するために、あえて手書きのポスター等によるプレゼンテーションを実

表8-1　第1回交流事業プログラム概要

日程	内容
16日	エクスカーション（地域を理解する活動）①　門司港レトロ
17日	開会挨拶・趣旨説明
	学長挨拶
	九州共立大学発表①
	九州共立大学発表②
	中京学院大学発表①　小縣優月（短期大学部健康栄養学科）
	中京学院大学発表②　田原こなつ（短期大学部健康栄養学科）
	中京学院大学発表③　中田空（短期大学部保育科）
	中京学院大学発表④　髙嶋由莉・佐藤柚佳（経営学部経営学科）
	愛知東邦大学発表①
	愛知東邦大学発表②
	学生発表講評
	昼休憩
	グループワーク「地域活動におけるユニバーサルデザイン」
	グループワーク講評
	講演
	FD交流・学生交流
	閉会挨拶
18日	エクスカーション（地域を理解する活動）②　太宰府天満宮

出典：中京学院大学ホームページaより筆者作成

図8-1　門司港レトロにおけるエクスカーション
出典：中京学院大学ホームページb

施しています[3]。本交流事業においても本学の特色を出すために発表者全員が手書きのポスターを用いて発表を行いました。

　第1発表者は短期大学部健康栄養学科の学生による発表で、テーマは「食品ロスが少なく笑顔たくさんな町に」でした。第2発表者は同じく短期大学部健康栄養学科の学生で、発表テーマは「川辺町をより華やかな町に」でした。第3発表者は短期大学部保育科の学生で、発表テーマは「恵那市中津川市を地域経済に根ざした町にするために」でした。最後は経営学部経営学科2名による共同発表で、テーマは「通過型観光から滞在型観光へ」でした（図8-2参照）。このように本学の発表はすべて所属する学科の特色だけではなく、地域貢献あるいは地域の活性化の視点からも論じられました。

　本学の発表後には愛知東邦大学の2組の発表が行われ、どちらの発表も地域の関係者と一緒に

なって課題の解決を試みる事例発表であり、主体的な取り組み成果が共有されました。すべての学生発表が終了し、手嶋教授から発表に関する講評が行われました。本学学生にとって他大学の教員から講評を受ける場面は限られており、今後の学びにつながる大変貴重な機会となりました。

　昼休憩を経て行われたのがグループワークです。堂野崎教授が「地域活動におけるユニバーサルデザイン」をテーマに講義をした後、堂野崎教授のモデレートの下、参加大学の学生が混ざる形で3つのグループに分かれ、グループワークが行われました（図8-3参照）。グループワークの報告では、どのグループも学際的でオリジナリティーのある内容が共有されました（図8-4参照）。

　グループワークの後は大須賀が「SDGsの推進に向けた地域連携活動―域学連携の視点を中心に―」をテーマに講演を行いました。講演後は教員と学生に分かれ、教員は次年度の交流事業の検討を通したFD活動を実施し、学生は学生間でコミュニケーションを深め、最後に西川教授による閉会の挨拶で2日目のプログラムが終了しました。

　3日目は2回目のエクスカーションとして太宰府天満宮を訪問しました（図8-5参照）。本学の参加者の多くが初めて太宰府天満宮を訪れたこともあり、本学経営学部が位置する中津川市にも馬籠宿など外国人観光客も多く訪れる観光地があるため、太宰府天満宮を散策することで自身が知る観光資源を再考する機会につながりました[4]。

　以上が第1回の交流事業の取り組み内容です。事後のヒヤリングも含め、参加した学生からプログラム全体に対して好意的な

図8-2　第4発表者（本学経営学部経営学科）の発表風景
出典：中京学院大学ホームページb

図8-3　グループワークの風景
出典：中京学院大学ホームページb

図8-4　グループワークの発表風景
出典：中京学院大学ホームページb

図8-5 太宰府天満宮におけるエクスカーション
（2022年度）
出典：中京学院大学ホームページ b

感想や意見等が出されたため、2023年度も引き続き交流事業を実施することが決定しました。次節では2024年2月に実施された第2回の交流事業の具体的な取り組み内容を紹介していきます。

8.5　第2回交流事業の具体的な取り組み内容

　第2回の交流事業のプログラムの検討は2023年12月からオンラインで会議を重ねてきました。第1回のプログラムが好評であったことを踏まえてプログラムの大枠は第1回の内容を踏襲する形とし、前回と同様に一部のプログラムをオンラインで同時配信することとしました。また参加大学の規模を増やすために九州共立大学と同法人でもある九州女子大学にも参加の依頼が行われました。

　本学の参加学生に関しては、前回同様に地域の学びに取り組んでおり、また本学の代表としてふさわしい学生を学長が中心となって選抜しました。当初は短期大学部も含めて検討を行ったものの、日程の関係等もあり、短期大学部の参加は見送られました。その結果、本学からは経営学部経営学科から2名、看護学部看護学科から3名が選ばれました。

　エクスカーションについては地域の特性を学ぶ重要な取り組みであることから、スケジュールを考慮した上で今回も2箇所を計画しました。本学の参加学生の大半が福岡県に訪れたことがなかったため、前回同様に1箇所目は太宰府天満宮とし、2箇所目は九州を代表する企業であるTOTO株式会社が運営する「TOTOミュージアム」としました。最終的にプログラムの概要は表8-2が示すものとなりました。

　初日は博多駅に到着後、他大学の参加者と合流し太宰府天満宮を散策しました。近年の観光事情を示すように多数の外国人観光客が訪れており、歴史的な建造物を体感すると共に国際色豊かな雰囲気を体験する機会となりました（図8-6参照）。

　2日目は参加大学を代表して本学学長が挨拶（オンライン）をした後、九州共立大学の発表が2件行われました。そのうち1件は第1回の交流事業にも参加した学生によるもので、継続参加した学生の成長を感じさせる発表でした。次に第2回から参加した九州女子大学の発表が1件行われ、地域における子どもの学びに関する実践的な発表がなされました。

　休憩の後の本学の発表では、まず看護学部看護学科の学生が「恵那市をより有意義に施設を活用できるまちにするために」をテーマに発表を行いました。第2発表者も同学科の学生で、テーマは「高蔵寺の人口を増加するために」でした。両名は地域の貢献のあり方などを学ぶ本学の教

表8-2 第2回交流事業プログラム概要

日程	内容
27日	エクスカーション（地域を理解する活動）① 太宰府天満宮
28日	開会挨拶・趣旨説明
	学長挨拶
	九州共立大学発表①
	九州共立大学発表②
	九州女子大学発表①
	中京学院大学発表① 西尾涼花（看護学部看護学科）
	中京学院大学発表② 堀田瑞歩（看護学部看護学科）
	中京学院大学発表③ 桝田有那（経営学部経営学科）
	中京学院大学発表④ 北林彩佳（看護学部看護学科）
	中京学院大学発表⑤ 川渕怜央（経営学部経営学科）
	愛知東邦大学発表①
	愛知東邦大学発表②
	学生発表講評
	昼休憩
	グループワーク「地域（産業）資源の活用」
	グループワーク講評
	講演（愛知東邦大学地域創造研究所・キャリア支援研究部会研究会♯05共催）
	FD交流・学生交流
	閉会挨拶
29日	エクスカーション（地域を理解する活動）② TOTOミュージアム

出典：中京学院大学ホームページcより筆者作成

育プログラム（地域貢献）[5]を受講しており、その成果を発表する場となりました。次いで経営学部経営学科の学生の発表が行われ、テーマは「中津川市をスポーツで明るい街に」でした。ここまでの発表はすべて1年生によるもので、先述したように本学の初年次基礎教育として力を入れている手書きの発表スタイルを反映し、発表は手書きのポスターで実施されました（図8-7参照）。

第4発表者は看護学部看護学科の学生（3年次）による発表で、テーマは「地域医療連携の現状と課題」でした。実際に実習での経験等を交えながらの発表であり、今後の卒業論文などにつながる内容となりました。最後の発表者は経営学部経営学科の学生（4年次）による発表で、テーマは「ACPの現状と課題－中京学院大学クラブの事例を通して－」でした。この発表は「中京学院大学クラブ」[6]の事例報告を中心にしており、この機会により後述する日本ビジネス実務学会中部ブロック研究会での発表に発展しました。

昼休憩後はグループワークを実施しました。グループワークは「地域（産業）資源の活用」をテーマに参加大学の垣根を越えて堂野崎教授のモデレートの下、前回同様にワークが活発に行われました。次に「愛知東邦大学地域創造研究所・キャリア支援研究部会研究会＃5」との共催形式の講演会等が催され、その中で大須賀が「地域における課題解決型講義の実践報告」をテーマ

図8-6　太宰府天満宮におけるエクスカーション
　　　（2023年度）
出典：中京学院大学ホームページd

図8-7　第3発表者（本学経営学部経営学科の学生）
　　　の発表風景
出典：中京学院大学ホームページd

に、本学の「教養ゼミA・B」[7]での実践的取り組みについて講演しました。その後、学生は学生間交流を行いながら九州共立大学のキャンパスツアーを体験しました。教員は次年度の交流事業についての打ち合わせ等を実施しました。最終日は「TOTOミュージアム」を訪れ、TOTOの歴史や同社が実践しているSDGsの取り組みについて理解する機会となりました（図8-8参照）[8]。

今回のプログラムは2年目ということもあり、教員側はより円滑に学生を指導することができ、限られた時間を最大限に活用したプログラムとなりました。また後述するように本学学生のコメントからは自己成長につながったなど、肯定的な意見も出されたことから今後も交流事業は継続して実施される計画です。

8.6　交流事業の成果

この節ではここまでの事業を通した教育的な成果等を整理していきます。そこで、実際に交流事業に参加した学生のコメントを以下に紹介します。

本学学長自らが取材する企画である「ようこそ学長室へ」に参加学生を招待し、その感想等をヒヤリングしています。第1回目の参加学生に対するインタビューが掲載されている中京学院大学ホームページeによると、「地元瑞浪、中津川には何もないから新しいものを作ればいいと思っていましたが『素敵な所ですね』と言われ考えが変わりました。自然豊かな『ここならでは』の活動をしたい」[9]とのコメントが紹介されています。このことから、地元地域の見方が変わる新たな視点の獲得や、交流事業を通して自身の今後の学びにも影響を及ぼしたことがうかがえます。

次に第2回の参加学生に対するインタビューが掲載されている中京学院大学ホームページfによると、「まだまだ成長できると感じています。挑戦を忘れずに何事にも積極的に取り組み、看護の現場で活躍できる力を付けたい」[10]とのコメントがありました。このことから、交流事業が日頃の学びの成果を発揮する機会になっただけではなく、将来のキャリアを考える機会につなが

ったと考えられます。

　このように参加した学生のインタビューから本交流事業を通して地元地域の再考や自己成長および今後の学びとキャリアの検討につながる効果が示唆されました。この点に関して、越境学習の視点から学術的にその効果を検証する試みも交流事業の企画者（西川教授、堂野崎教授、手嶋教授、大須賀）によって行われています。堂野崎・手嶋・大須賀・西川（2023）は第1回の交流事業の効果として、参加学生に新たな視点や気づきを与えるとしつつ、特に他地域での学びを通して既存の固定概念を変化させる役割が本交流事業にあることを指摘しました。

図8-8　TOTOミュージアムにおけるエクスカーション
出典：中京学院大学ホームページd

また西川・手嶋・堂野崎・大須賀（2024）は第2回の交流事業の効果として、学生発表やグループワークを通じて地域の問題点の特徴の差異への気づきや他大学の学生と交流することで、自大学の学生との交流の在り方を見直す役割があることなどに言及しました。

　本交流事業の他の学術的な成果として、先述した第2回交流事業での本学経営学部経営学科の学生（4年次）の発表が内容的にも優れていたため、その際に得られたコメント等を踏まえながら大幅に加筆修正されたものが、2024年2月に本学中津川キャンパスで行われた日本ビジネス実務学会中部ブロック研究会の学生発表の部で発表（共同）されました（図8-9参照）[11]。

　さらに第2回の交流事業で学生発表の講評を担当した松井健斗氏（株式会社カナメヤ代表取締役）から本交流事業の概要や中京学院大学クラブが力を入れているアクティブ チャイルド プログラム（以下、ACP）の取り組み[12]について紹介してほしいとの依頼があり、松井氏がメインパーソナリティーを務めるラジオ番組に大須賀と交流事業に参加した学生（うち1名は2024年度より本学職員）が出演しました（図8-10参照）。

　最後に大学間の協定に関する成果を紹介します。上述してきたように本学と九州共立大学、九州女子大学・九州女子短期大学は本交流事業や教学IR研修会で継続的に交流を続けてきました。そこで更なる連携を目指すために2023年8月に協定を結ぶ運びとなりました。この協定では「学生間及び教員間の交流」、「地域連携活動の情報共有」、「教学IRの推進」を主軸としたものになっており、今後はそれぞれの大学の教育、学術の質向上に資する連携が期待されています[13]。

8.7　今後の展望

　この章では大学間交流における地域の学びの実践的な取り組みを紹介し、その成果として交流事業が学生の成長につながっていること、参加大学間の交流に寄与していること、交流事業を起

点としてさまざまな場面で広がりを見せていること、に言及してきました。今後も本交流事業を持続することが学生の学びのため、そして参加大学の発展のために必要です。そのためには、この事業による学生の成長などの効果検証も引き続き実施していくことが求められます。また本交流事業を広く学内外に周知するための取り組みなどを通して、一層発展したプログラムになることが期待されています。

図8-9　日本ビジネス実務学会中部ブロック研究会での発表の様子
出典：中京学院大学ホームページ g

図8-10　ラジオ出演後の記念撮影の様子
出典：中京学院大学ホームページ h

謝辞

　この章の執筆に際して九州共立大学の西川三恵子教授、堂野崎融教授、愛知東邦大学の手嶋慎介教授からご助言を賜りました。この場を借りて感謝申し上げます。また本交流事業に参加された学生の皆様並びに関連する教職員の皆様にも心よりお礼申し上げます。

注
1）教学 IR 研修会の詳細については第1章を参照のこと。
2）この章での教員の職位等は特に断りがない限り交流事業実施時点ではなく、2024年4月時点のものです。
3）本学の初年次基礎教育の詳細に関しては第4章を参照のこと。
4）ここまで取り上げた第1回交流事業における学生の発表テーマなどの詳細は中京学院大学ホームページaおよび中京学院大学ホームページbに準じています。
5）本学の地域貢献に関する講義等の説明は第1章を参照のこと。
6）本学の「中京学院大学クラブ」に関する説明は第1章および第7章を参照のこと。
7）本学の「教養ゼミA・B」の講義に関する説明は第5章を参照のこと。
8）ここまで取り上げた第2回交流事業における学生の発表テーマなどの詳細は中京学院大学ホームページcおよび中京学院大学ホームページdに準じています。
9）中京学院大学ホームページe「ようこそ学長室へ96 〜守る×変える＝未来をつなぐ〜」、https://www.chukyogakuin-u.ac.jp/topics/30_64055387cf937/index.html（2024年8月3日アクセス）より引用。
10）中京学院大学ホームページf「ようこそ学長室へ151 〜大宰府で咲いた成長の花〜」、https://www.chukyogakuin-u.ac.jp/topics/30_65f3a4554ff09/index.html（2024年8月14日アクセス）より引用。
11）研究会の詳細等は中京学院大学ホームページgを参照のこと。
12）本学の ACP の取り組みについては第6章を参照のこと。

13）大学間協定に関する詳細は中京学院大学ホームページ i を参照のこと。

参考文献

中京学院大学ホームページ a 「「他大学との相互連携における地域連携活動による学生交流およびそれによる FD の推進」プログラム」, https://www.chukyogakuin-u.ac.jp/artis-cms/cms-files/20230224-092105-5761.pdf（2024年7月15日アクセス）

中京学院大学ホームページ b 「【九州共立大学学生との交流研修事業】のご報告」, https://www.chukyogakuin-u.ac.jp/topics/30_63f5d72ec9e81/index.html（2024年7月15日アクセス）

中京学院大学ホームページ c 「「協定校との地域連携活動による学生交流およびそれによる FD の推進」プログラム」, https://www.chukyogakuin-u.ac.jp/artis-cms/cms-files/20240307-091443-6588.pdf（2024年7月29日アクセス）

中京学院大学ホームページ d 「「九州共立大学学生との交流研修事業」のご報告」, https://www.chukyogakuin-u.ac.jp/topics/30_65e905fa4b2b8/index.html（2024年7月29日アクセス）

中京学院大学ホームページ e 「ようこそ学長室へ96 〜守る×変える＝未来をつなぐ〜」, https://www.chukyogakuin-u.ac.jp/topics/30_64055387cf937/index.html（2024年8月3日アクセス）

中京学院大学ホームページ f 「ようこそ学長室へ151 〜大宰府で咲いた成長の花〜」, https://www.chukyogakuin-u.ac.jp/topics/30_65f3a4554ff09/index.html（2024年8月14日アクセス）

中京学院大学ホームページ g 「日本ビジネス実務学会2023年度中部ブロック研究会開催」, https://www.chukyogakuin-u.ac.jp/topics/30_65dbd2f85a593/index.html（2024年8月3日アクセス）

中京学院大学ホームページ h 「本学学生及び教職員がラジオに出演しました！」, https://www.chukyogakuin-u.ac.jp/topics/30_6657e7723dca5/index.html（2024年8月3日アクセス）

中京学院大学ホームページ i 「大学間連携に関する協定締結のご報告」, https://www.chukyogakuin-u.ac.jp/topics/30_64d5904c45bc6/index.html（2024年8月3日アクセス）

堂野崎融・手嶋慎介・大須賀元彦・西川三恵子（2023）「他大学との相互連携における地域連携活動による学生交流および検証」『日本ビジネス実務学会 会報』第79号, p.10. 日本ビジネス実務学会, https://www.jsabs.gr.jp/wp-content/uploads/79%E5%8F%B7%E3%83%BB%E6%9C%80%E7%B5%82%E7%A8%BF.pdf（2024年8月14日アクセス）

西川三恵子・手嶋慎介・堂野崎融・大須賀元彦（2024）「大学間相互連携による地域連携活動に関する共同教育プログラムの検証」『日本ビジネス実務学会第43回全国大会 大会プログラム・要旨集』pp.62-65. 日本ビジネス実務学会

Column

協定大学間における越境学習交流について

九州共立大学経済学部　教授　西川三恵子

　私どもが手掛けている越境学習交流ですが、ここ最近は企業の人材育成の手法としても着目されています。慣れ親しんだ地域での日々の学びをそれぞれが持ち寄り、発表し合うことで、異なった立場からの質疑であったり、アドバイスであったりと、これまでに気づけなかった視点や課題解決法が明確になるなどの効果があげられております。

　私どものプログラムは短時間での交流ではありますが、同年代の学生同士がそれぞれの地域の活動を報告し合うことで、「振り返り学習」や「新たな学び、気づき」が生まれ、次へのステップにつながるなど、得るものは多大であると自負しております。

　2022年度のプログラムに携わる各大学の教員はいずれも日本ビジネス実務学会の中部ブロックに所属する仲間であり、経営学領域という共通点に端を発し、FD交流を重ねています。このプログラム自体のきっかけは2017年度に開催された愛知東邦大学の地域創造研究所主催の定例研究会までさかのぼります。そこでは複数大学の学生たちが行うワークショップがあり、私どもの大学からは4名が参加しました。他大学、他学部の学生が混じってのディスカッションは本学の学生にとっても大変貴重な経験となりました。さらに、エクスカーションでは名古屋城見学やモーニング文化の体験など、他文化交流も味わうことができました。今後もこのような越境学習交流を継続できたら良いな、という強い思いが生まれたことから、現在のプログラムの実施につながっています。

　2023年度のプログラムは4大学の学生による越境学習交流となりました。このように好評を得られているのも、ひとえに4大学の教員間に強い信頼感が育まれているからではないかと痛感しております。参加している学生たちの2日目の発表に対する緊張感は否めませんが、1日目のエクスカーションですでに他大学の教員、学生たちとも和やかな雰囲気に包まれていますので、初対面とは思えない空気感に現場は溢れています。また、それぞれの地域のおやつも振舞われ、場を和ませる要因も多分にあると思われます。

　これこそが単なる遠隔学習で終わるのではなく、対面による越境学習交流の醍醐味であり、これからも長く継続していきたいプログラムといえるのではないでしょうか。

第 9 章　域学連携の現状と経営学部の人財育成

祝田　学

9.1　はじめに

　「域学連携」について総務省では、地方行財政政策における「地域力の創造・地方の再生」の1つとして、地域づくり活動ととらえています。そして、域学連携を「大学生と大学教員が地域の現場に入り、地域の住民やNPO等とともに、地域の課題解決又は地域づくりに継続的に取り組み、地域の活性化及び地域の人材育成に資する活動」として定義しています（総務省ホームページa）。それとともに、同省の「域学連携」地域づくり活動のホームページには、過去の「域学連携」事業事例として、表9-1にあるように地域のブランドづくり、地域おこし活動、商品開発、地域との交流、ボランティア活動、海外観光者向け活動といった多彩な活動が掲載されています。加えて、地域と大学にとってのメリットを以下の図9-1をもとに説明し、「学生や地域住民の人材育成」を双方のメリットとして提示しています。

　総務省の域学関連事業をさかのぼると、表9-2で提示したように2010年から活動事例調査やシンポジウム、実証事業などの施策を展開しています。2012年度には「『域学連携』地域づくり実証研究事業」として全国15か所の地域とその連携大学のべ25校、予算1,500万円で行われました。加えて「『域学連携』地域活力創出モデル実証事業」全国16か所の地域とそれぞれの連携大学のべ75校で実施し2.1億円の補正予算が計上されているものでした。この地域活力創出モデル実証事業においては、中津川市の加子母地区のむらづくり協議会が事業団体の1つとして採択されています。2013年度には「『域学連携』実践拠点形成モデル実証事業」が予算2,000万円で5地域とその連携のべ16大学で実施されています。これらの活動主体としては、主に大学の組織構成員で

表9-1　域学連携活動

学生がかかわる連携タイプ	活動内容
交流型 （交流活動タイプ）	環境保全活動、まちなかアート実践、子ども地域塾運営、高齢者健康教室運営、観光ガイド実践、インターンシップ、ボランティア
価値発見型 （交流による鏡効果発揮タイプ）	地域資源発掘、地域マップづくり、地域の教科書づくり、アンテナショップ開設
課題解決実践型 （地域課題に対して実践的活動を行うタイプ）	地域ブランドづくり、地域商品開発、プロモーション、海外観光客向けガイドブックづくり、地域課題解決に向けた実態調査
知識共有型 （専門知識で地域の課題解決を行うタイプ）	商店街活性化策検討、地域振興プランづくり

注：域学連携として掲載されている活動をタイプ（中塚・小田切、2016）別に、筆者が分類・作成
出典：総務省ホームページa

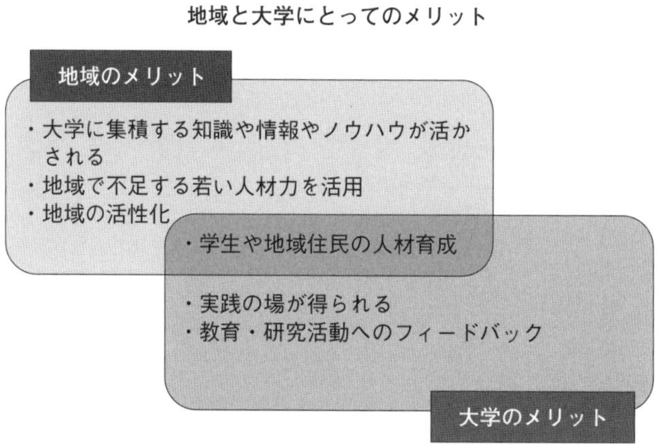

地域と大学にとってのメリット

地域のメリット
・大学に集積する知識や情報やノウハウが活かされる
・地域で不足する若い人材力を活用
・地域の活性化

・学生や地域住民の人材育成

・実践の場が得られる
・教育・研究活動へのフィードバック

大学のメリット

図 9-1　域学連携のメリット
出典：総務省ホームページ a

表 9-2　総務省「域学連携」地域づくり活動

年度	事業名	団体数	予算
2012年度	「域学連携」地域づくり実証研究事業	15団体	1,500万円
2012年度	「域学連携」地域活力創出モデル実証事業	16団体	補正21,000万円
2013年度	「域学連携」実践拠点形成モデル事業	5団体	2,000万円

出典：総務省ホームページ b、総務省ホームページ c、総務省ホームページ d をもとに筆者作成

表 9-3　文部科学省　大学 COC 事業

年度	事業名	団体数	予算
2013年度	地（知）の拠点整備事業	56校	23億円
2014年度	地（知）の拠点整備事業	25校	34億円
2015年度	地（知）の拠点大学による地方創生推進事業（COC＋）	42校	44億円

出典：日本学術振興会ホームページ、文部科学省ホームページ a、文部科学省ホームページ b をもとに筆者作成

ある学生を中心的としてとらえているのが特色です。

　文部科学省においては、2013年度より実施された「地（知）の拠点整備事業（Center of Community、COC 事業）」が存在し、「地域社会と連携し、全学的に地域を志向した教育・研究・社会貢献を進める『地域のための大学』として、全学的な教育カリキュラム・教育組織の改革を行ないながら、地域の課題（ニーズ）と大学等の資源（シーズ）の効果的なマッチングによる地域の課題解決、更には地域社会と大学が共同して課題を共有し、それを踏まえた地域振興策の立案・実施まで視野に入れた取り組み」という目的が示されています（表9-3参照）。同事業は同年度予算23億円が計上され大学・高等専門学校56校で実施され、2014年度（次年度）には34億円の予算で25校が実施されています。2015年度からは、東京への一極集中と若者の地方からの流出を背景に、事業が改組され「地（知）の拠点大学による地方創生推進事業（COC＋）」の名称で、事業の目的も「地方の大学群と、地域の自治体・企業や NPO、民間団体等が協働し、地域産業を自ら生み出す

①大学の地域貢献の場
・就職
・経済効果　など

②教育の実践の場
・インターンシップ
・ボランティア
・課題解決型授業　など

③まちづくりの場
・学生・教職員による地域との共生

図9-2　大学における域学連携のとらえ方

人材など地域を担う人材育成を推進」に変更、予算44億円で42校が選定され実施されています。そして、この事業は「地方創生」施策の1つとして「域学連携」が地方自治体とともに取り組まれてきました。

さらに地域における人財にフォーカスした事業として、2020年度から「大学による地方創生人材教育プログラム構築事業（COC＋R）」、そして2024年度からは「地域活性化人材育成事業～SPARC～」が大学教育再生のための誘導型補助金として出されています。

こうして「域学連携」は地域社会の問題、すなわち地方自治体の役割の拡大（地方分権）や、少子化・高齢化の進展などの地域課題、そして自治体の財政事情などが課題となり、大学との連携による課題解決が注目されてきた要因が存在しています。

大学側からみた「域学連携」については、古くは①大学の地域貢献の場として展開されてきたともいえます。加えて、②教育の実践の場として座学だけでは学ぶことのできない問題解決能力やコミュニケーション力を養成するために、そして③学生や教職員を含めた「まちづくり」としての共生がいま注目されてきています（図9-2参照）。

また、これとは別の視点として、社会と大学の関係を「実社会からの要請に即応するか」、「要請がどういう性格を持つか」の軸でとらえて、大学の社会的な機能を「アカデミック機能」、「実用的機能」、「実利的機能」の3区分でとらえることもあります（飯塚、2018、pp.97-111）。

なお、私学は創設者が私財を投じて開設されているため、その想いを表した建学の精神に特色があり、その精神に「域学連携」の要素が重なっていて、域学連携がより強く大学の独自性として出てきます。後述するように本学経営学部では、地域創生の役割を受け連携推進部が設置され、教育を通じて各種の域学連携が取り組まれており、ビジョン「地域における知の拠点の実現」（「東濃まるごとキャンパス」の実現）の下、域学連携の深化が続いています。

9.2　本学における域学連携の実施状況

9.2.1　経営学部の域学連携

本学では現在、図9-3の連携推進部（教員と事務職からなる全学組織）という部署が域学連携を担当しており、経営学部会（教員7名・職員3名）では中津川市役所と月1回の「域学連携定例会議」を中津川キャンパスで行っています。

中京学院大学組織図　　　　　　　令和6年4月1日

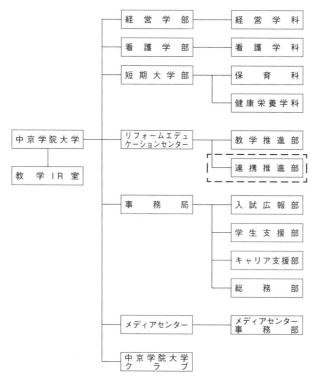

図 9-3　本学における連携推進部の位置づけ
出典：中京学院大学ホームページ a

　そこでは、自治体主催のイベント（おもに中津川市役所）など地域活動状況、本学の域学活動が報告され、情報共有と活動のコーディネート、同時に広報活動（大学のホームページ掲載、新聞や地域冊子、テレビなどのメディアへのアナウンス）も行われています。主な活動内容として、2023年度は以下のものがあげられます。

・域学連携成果発表会の運営（2023年度は高等学校3校、大学9校、団体1を含む11組織）
・ボランティア活動の情報共有と要員などのすり合わせ　（第11章参照）
・高大連携講座（経営学部では「経営学の理論と実践」）の実施　（第9章参照）
・中津川公民館講座（経営学部では「公民館サタデーキャンパス」5名の教員による講座）

　ほかに、連携推進部では他市との連携も担っており、市の委員会・審議会のメンバーとして教員とのマッチングを図っています。学内情報は、会議のほかWebアプリケーション（Microsoft Teams）をツールとして、連携推進部長のリーダーシップのもとで調整が行われています。
　以下の表9-4は、本学経営学部の教員について、自治体の機関で委員または自治体のその他機関での委員を集計したもので、本学科の教員が域学連携に貢献している様子が分かります。加えて、図9-4のように自治体における研修会講師などを教員が実施する域学連携活動も存在します。
　なお、表9-4に記載されている「審議会・委員会」とは地方自治法第138条の4第3項で規定

表9-4　2024年度中津川市・瑞浪市の各種審議会・委員会のメンバー（経営学部のみ）

	審議会・委員会	協議会	その他会議
中津川市	6	5	2
瑞浪市	2	0	0

出典：中京学院大学「2024　第1回　域学連携推進部経営学部打ち合わせ」資料より作成

する執行機関（市長や教育委員会等）の附属機関として設置され、「協議会」とは学識経験のある者など委員から広く意見を市政運営の参考とすることを主な目的に設置されたものです。

また、連携推進部の活動以外においての域学連携活動、例えばクラブ主体でのボランティア活動、地域での運動活動指導なども盛んに行われており、以下それらの活動主体ごとに企画運営されています。

図9-4　政策研修「2024年度中津川市政策研修―市民意識調査の分析を中心に―」
注：講座講師は本学部の大須賀元彦准教授
出典：中京学院大学ホームページb

・クラブによるボランティア活動　男子卓球部・女子卓球部、女子ソフトボール部など
・中京学院大学クラブによる「中京学院大学アスリートミーティング」活動
・カリキュラム「地域イノベーションプログラム」・「Swing（Sports Well-being）プログラム」を基にした域学連携（第2章参照）
・授業科目として、アクティブ チャイルド プログラムⅠ・Ⅱを取り入れた講義（第6章参照）
・授業科目として、プレゼンテーション大会『彩イロドリ』での高大接続講座（第4章参照）
・授業科目として、地域プロデュースA・B（問題解決型学習）を取り入れた講義
・授業科目として、ボランティア（第11章参照）

ほかに、九州女子大学・九州女子短期大学、九州共立大学、愛知東邦大学と地域連携活動をテーマとした学生間交流も行われています（第8章参照）。

9.2.2　本学の域学連携の歴史

本学部は、1993年4月中京短期大学経営学科を改組して中京学院大学経営学部として中津川市に設置されましたが、その時の資料「四年制大学経営学部の設置構想」には、経営学部設置の「4．特色」として、「地域に生きる大学」を明記しています[1]。

大学内の組織としては、2016年4月から「域学連携推進室」が設置され、その後現在では「連携推進部」が窓口となり全学において、様々な域学連携活動がおこなわれています。この域学連携を内外に大きく表明したものに、学校法人中京学院大学として運営が開始された2020年から掲げられた「中期計画2020」中の域学連携に関する指針があります（中京学院大学ホームページc）。そこでは「3．東濃地区との強固な連携… 『東濃まるごとキャンパス』の実現」が明示され、以下の4つの柱をもとに域学連携が経営学部においても行われています（筆者が要約を行っています）。

- 「知」の拠点としての地域交流

  地域の問題解決や新たな魅力的な取り組みを、教職員や学生がテーマごとに一元的な組織的な活動を行うことで目指しています。ほか、「1教員（1チーム）1地域研究」を目途として、相乗効果で学びを深めています。

- まちづくり、人づくりへの連携

  行政からの学識経験者という貢献だけではなく、多くの学生による地域活動の参加プログラムを導入しています。

- 東濃地区の高校との接続推進

  東濃地域での高等学校のニーズに応えるために、そして専門職の養成課程として保育・医療や福祉関係の就学を支えることを展開しています。

- 東濃地区の就学生、教育従事者との接続推進

  クラブ（スポーツ）に関わる指導者や教職員そして学生と、東濃地域の競技団体のほかに小中学生や教育従事者に対して接点を持ち、ともに活動しています。

このほか同中期計画のなかでは、域学連携に関する内容としては、「4．生涯教育の拠点となる『学びの場』の創設… 社会人『学びの場』」も示されており、以下の2つを標榜しています（筆者が要約を行っています）。

- 世代を超えた「知の共通基盤」構築

  地域における学びの場として、または地域活性化のためのプログラムや仮想的な手法により学びを提供していくこと。

- 地域と時代の要求に対応した「学び」の提供

  地域の人に対して、リカレント教育の場を実践し、地域企業や団体とともに人財を育成していくこと。

地方自治体との関係については、東濃5市との包括協定を締結として、2013年2月の中津川市にはじまり、瑞浪市・恵那市の2013年6月、そして土岐市の2014年2月さらに多治見市の2014年10月と続いています。2024年度からは、教学IR室が企画主体となって、大学の課題・本学の現状を理解してもらうこと、地域の課題の理解を目途に、中津川市、恵那市、瑞浪市、土岐市、多治見市からなる「東濃5市定期ミーティング」を行っています。2024年度の取り組み内容としては、第1回東濃5市定期ミーティングでは5市との意見交換、第2回目では保育科と地域の関係について、その後の第3回には看護学部、第4回では経営学部との関係性を深めていくこととな

図9-5 東濃5市定期ミーティングの様子
注：左は第1回（趣旨説明及び5市の課題）、右は第2回（5市と保育科に関係した意見交換）
出典：中京学院大学ホームページd

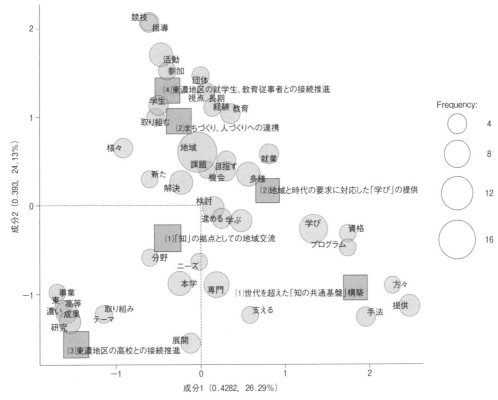

図9-6 「東濃まるごとキャンパス」と社会人「学びの場」に対する対応分析
出典：中京学院大学ホームページcに基づき筆者作成

っています。図9-5は、その第1回および第2回ミーティングの様子です。

9.2.3 経営学部の域学連携における特色

ここで、前述の本学「中期計画」をテキストマイニング（域学連携に関係する2項目6つの内容をKH Coderで対応分析をおこないました、予断を含めない1次解析です）にかけ、経営学部の域学連携

における特色を考えたいと思います。図9-6では、「地域における知の拠点の実現」(「東濃まるごとキャンパス」の実現)に関連する外部変数の近くには「学生」や「研究」、「競技」といった本学のリソースを示す語が付置しており、社会人「学びの場」としての外部変数の近くには「資格」「就業」や「学び」「支える」といった地域貢献に関する語が付置されました。そして「東濃まるごとキャンパス」と社会人「学びの場」に関係する共通した語として(図の原点0に近いもの)「課題」「機会」「ニーズ」「視点」が置かれており、地域社会に目を向けながら活動を展開していく意図が読み取れます。

　この「中期計画」をもとに、経営学部の域学連携を見てみると、学部の特性上、保育士や看護師といった専門職の養成課程とは異なるため、「東濃地区の高校との接続推進」の一部分においては弱さが出ているといえます。また、経営学部では、地方公務員として、また東濃地域の企業で活躍している卒業生もいますが、岐阜県出身者が現在19%(2024年度現在)といった特性からも、卒業後の進路については「Uターン」・「Jターン」が多く東濃地域で活躍する人数は少なく、現在は東濃地域における人財寄与度が高くありません。

　しかし本学部では、クラブ・部活、そして新しいカリキュラム(地域イノベーションプログラム、Swing〈Sports Well-being〉プログラム)が、さらに連携推進部の活動や研究においても後述する章で記載されている通り域学連携が実直に行われています。

9.2.4　中津川市から見た域学連携(学外)

　中津川市においては、市民協働課が「地域づくり」の1つとして域学連携を担当し、その具体的な施策には学生の交流拠点「coagari」[2]での学習会、表9-5に示した9つの大学との連携協定、学生団体が中津川市をフィールドに実施する地域の課題解決や活性化を図るための調査・研究及び活動助成する「域学連携活動支援補助金」が行われています(中津川市ホームページa)。

　ほかに中津川市を概観すると、市民による自治会活動も全国と比較しては盛んですが、自治会加入世帯数は減少傾向にあり、地域コミュニティーが弱くなっている様子が見られます。2020年

表9-5　中津川市と連携協定を結ぶ大学リスト

大学名	協定の締結日
中京学院大学	2013年2月12日
至学館大学	2015年3月2日
学習院大学	2015年8月24日
岐阜大学	2015年12月15日
名古屋外国語大学	2017年7月25日
大正大学	2017年8月28日
中部大学	2018年9月21日
東海学園大学	2019年2月4日
文京学院大学	2019年2月8日

出典:中津川市ホームページaより作成

度においては、自治会等の加入率は全国平均71.7％、中津川市では73.3％となっています[3]。なお、岐阜県における消滅可能性自治体は、民間の有識者グループ「人口戦略会議」による2024年公表によると、現時点において16自治体が「消滅可能性[4]」とされ、東濃５市では瑞浪市と恵那市が含まれています。

こうして中津川市を見ると地域の活性化が切望されており、現在においてもその地域活動について高等教育機関にその役割を強く求めていることが分かります。一方で高等教育機関は中津川市で域学連携を展開しながら、その「域学連携」を研究対象にもしており、その成果は確実に積み重なっています[5]。

9.3 まとめ

経営学部では先に見てきたように、教職員による活動、学生による域学連携活動がともに行われており、また授業科目としても域学連携にかかわる内容が存在しています。すなわち、域学連携のフェーズとしては教職員と学生による「教育の実践の場としての連携」が行われていることが分かります。特に2024年度からのカリキュラム改定では、大きく地域に根差した内容となっています（第２章参照）。しかし、小規模大学であるという性格上、本学部のリソース（ヒト、モノ、カネ、情報などの資源）も限られていて、域学連携活動にも限界が見られる場合があります。この後の章（第10章と第11章参照）では、こうした本学部の域学連携活動を具体的に見ていくことになります。

今後の課題としては、域学連携を「『まちづくりの場』として地域との共生」ととらえて進めていくことが地域から求められ（図9-2参照）、また本学部の特色として位置付ける必要が出てきています。

注
1）この他に50周年記念誌編集委員会では、「四年制大学経営学部の設置構想」において、「６．該当・隣接地域社会に四年制大学の設置の要請」があったこと記載していて、「新設大学資金計画」には設置に際して地方自治体や企業団体からの寄付が予定されていたことが記されています（学校法人安達学園創立50周年記念誌編集委員会、2013）。
2）「coagari」という名称は造語で、生徒・学生、地域、企業、行政が協力していく「co（共同）」と、「小上がり（koagari）」から、学生が名付けたものです。若者の強みを活かした中津川のまちの魅力創出とその発信を目指して、生徒や学生、地域、地元企業、行政、高等教育機関の関係者などの多様な人々と関わる活動を行っています（中津川市ホームページa）。
3）総務省ホームページeによると、600市区町村における自治会等の加入率の平均（単純平均）は記載のある2010年から減少傾向にあります。中津川市の自治会加入世帯数（加入率）においても、中津川市ホームページbによると、記載のある2006年から減少傾向であることが見て取れます。
4）消滅可能性とは人にインパクトを強く与える言葉ですが、人口戦略会議レポートでは、30年間（女児が誕生、結婚・出産して次世代を生み出すまでの時間）で、統計的に婚姻・出産適齢期の20代・30代女性が半分未満になっている自治体の状況を、「存続できる可能性は極めて低い」と判断したものです。

5）中津川市を対象とした「域学連携」研究は、以下の資料があり、ほかに地域資源を研究したもの、さらには地域活性化をテーマにしたものなどの研究も存在しています。

- 小口広太（2020）「大学と地域の連携活動をめぐる現状と行政の役割に関する一考察　―岐阜県中津川市「域学連携事業」を事例として」『千葉商大論叢』第58巻　第2号，pp.181-196．千葉商科大学国府台学会
- 小口広太・朝比奈剛・小寺徹・勅使河原隆行（2019）「産官学連携による社会の課題解決型アクティブ・ラーニングに関する研究」『国府台経済研究』第32巻第2号．千葉商科大学経済研究所
- 田中恵子・藤岡美香・山本麻衣・山根沙季（2019）「産官学連携による課題解決型授業に関する一考察」、『中京学院大学中京短期大学部研究紀要』第49巻1号，pp.27-31．中京学院大学短期大学部
- 柳田桃子・柳田良造（2019）「農山村地域での課題発見型イベントによる地域づくりの展開」『日本建築学会計画系論文集』，84巻763号，pp.1915-1923．日本建築学会
- 山中昌幸・瀧本往人（2019）「大学における起業家精神の育成に関する一考察　―『起業家』との出会いと価値創造の実践―」『地域構想』，pp.95-107．大正大学地域構想研究所
- 浜野純・須栗大・山本麻衣（2017）「学部・地域連携を活用した実践的なPBL学習とその教育的効果に関する事例報告」，『中京学院大学中京短期大学部研究紀要』第47巻1号，pp.63-66．中京学院大学中京短期大学部
- 飯島伸彦（2015）「加子母・石津を訪ねて―ESDと中部の『里山資本主義』」『人間文化研究年報』10巻，pp.30-31．お茶の水女子大学大学院人間文化研究科
- 田口幸子（2015）「加子母の里山資源：『域学連携』による地域づくり」『人間文化研究所年報』10巻，pp.4-10．お茶の水女子大学大学院人間文化研究科．
- 安藤文雄・佐藤厚・今枝健一（2009）「産学連携型創成実験による社会人基礎力の養成　―応用化学における産学連携エンジニアデザイン教育の試み―」『第57回年次大会（平成21年度）』講演論文集．日本工学教育協会

参考文献

総務省ホームページa「『域学連携』地域づくり活動」，https://www.soumu.go.jp/main_sosiki/jichi_gyousei/c-gyousei/ikigakurenkei.html（2024年8月31日アクセス）

中塚雅也・小田切徳美（2016）「大学地域連携の実態と課題」『農村計画学会誌』35巻1号，pp.6-11．農村計画学会

総務省ホームページb「『域学連携』実践拠点形成モデル実証事業（国費事業）　モデル実証団体」，https://www.soumu.go.jp/main_content/000239109.pdf（2024年8月31日アクセス）

総務省ホームページc『域学連携』地域活力創出モデル実証事業　実施団体」，https://www.soumu.go.jp/main_content/000218434.pdf（2024年8月31日アクセス）

学校法人安達学園創立50周年記念誌編集委員会（2013）『学園のあゆみ　学校法人安達学園創立50周年記念誌』pp.153-154．学校法人安達学園

総務省ホームページd「域学連携による地域活力の創出」，https://www.soumu.go.jp/main_content/000221467.pdf（2024年8月31日アクセス）

国立国会図書館「インターネット資料収集保存事業（WARP）」によりアーカイブされている日本学術振興会ホームページ，https://warp.ndl.go.jp/info:ndljp/pid/12354299/www.jsps.go.jp/j-coc/jigohyoka.html（2024年8月31日アクセス）

文部科学省ホームページa「地（知）の拠点整備事業について」，https://www.mext.go.jp/component/a_menu/education/detail/__icsFiles/afieldfile/2014/05/20/1346067_03.pdf（2024年8月31日アクセス）

文部科学省ホームページb「平成27年度　地（知）の拠点大学による地方創生推進事業（COC＋）」, https://www.mext.go.jp/a_menu/koutou/kaikaku/coc/__icsFiles/afieldfile/2015/02/12/1354716_02.pdf（2024年8月31日アクセス）

飯塚重善（2018）「大学教育における地域連携活動のあり方に関する一考察」『国際経営論集』No. 55, pp. 97-111. 神奈川大学経営学部

中京学院大学ホームページa「教育研究上の基本組織に関する情報」, https://www.chukyogakuin-u.ac.jp/outline/disclosure/index.html（2024年8月31日アクセス）

中京学院大学ホームページb「中津川市政策研修のご報告」, https://www.chukyogakuin-u.ac.jp/topics/30_66c57e2d889ba/index.html（2024年8月31日アクセス）

中京学院大学ホームページc「2023年度 事業報告書」, https://www.chukyogakuin-u.ac.jp/artis-cms/cms-files/20240604-173421-4368.pdf（2024年8月31日アクセス）

中京学院大学ホームページd「東濃5市定期ミーティング開催！」, https://www.chukyogakuin-u.ac.jp/topics/30_66cbc7465ff24/index.html（2024年8月31日アクセス）

中津川市ホームページa「域学連携事業」, https://www.city.nakatsugawa.lg.jp/soshikikarasagasu/shiminkyodoka/1/2/884.html（2024年8月31日アクセス）

総務省ホームページe「地域コミュニティに関する研究会　報告書」, https://www.soumu.go.jp/main_content/000819371.pdf（2024年8月31日アクセス）

中津川市ホームページb「過去の自治会加入世帯数（加入率）」, https://www.city.nakatsugawa.lg.jp/material/files/group/16/kyodo_jichikai_r6.pdf（2024年8月31日アクセス）

第10章　高大連携を通じた人財育成

須栗　大

10.1　はじめに

　「高大連携」という教育活動は、高等学校と大学が連携して行うもので、そのはじまりは文部省（当時、現文部科学省）が1999年に打ち出した中央教育審議会による答申「初等中等教育と高等教育との接続の改善について[1]」がきっかけで始まりました。

　この取り組みの当初は、高校生に大学レベルの教育に触れる機会を提供したり、高校と大学とでの学びの違いについて説明したり、高校生に大学で学ぶ意欲を持たせる目的で行われていました。近年では、高校生は大学の先進的な講義を受けられ、自分が本当に興味を持てる内容、大学で研究したい内容を把握できるようになるだけでなく、高校の指導要領の改訂に伴う課題解決型授業への取り組み、探究型授業への取り組みなどと関連した取り組みへと変化してきています。高校と大学の学びの接続の重要性がますます大きくなり、高大連携は高校、大学双方の教育の現場で注目を集めています。

　本学においても、2004年に地域の高校との協定を締結し、中津川地域（一部恵那地域も含む）の高校との連携授業の実施が始まりました。2024年度で20年目となる長期にわたる取り組みです。また、中津川市との2013年の包括連携協定の締結[2]後もその提携活動の柱の一つとして位置づけられています。

　当初は高校からの要望をもとに英会話特講と中国語特講の講座などが開講され、地元の中津高等学校を中心に恵那高等学校、中津商業高等学校、坂下高等学校、恵那農業高等学校、阿木高等学校などからの生徒が参加していました。これはこの地域における唯一の4年制大学として地域の高校生に対する学校以外の学びの場の提供であり、その機会をきっかけに自分の進路を決定するキャリア教育の場でもありました。

　また、特定の高校のみを対象とせず、対象学年も設定していない講義であり、平日の夕方17時から18時半に中津川駅前ビルの教室で実施していました。複数の高校の異なる学年の生徒が一緒に学ぶ機会を提供することで、高校での出前講義などとは違った様々な背景を持つ生徒が共に学び、大学の雰囲気を感じられる講義となっています。

　提供講義の内容は高校との協議、時代背景とともに変化していますが、この章では高大連携授業の目的の推移を検討したうえで、本学におけるその取り組み内容の紹介、また本学、高校側にとっての効果の検証を行い、今後の展望を明らかにします。他の教育機関にとって高大連携活動を考えるうえでの一つの事例として扱っていただければ幸いです。

　また、この章で取り上げる高大接続における二つ目の取り組みとして、特定の高校との包括連

携協定締結を行った高大連携活動です。本学では坂下高等学校と包括連携協定締結をし、さまざまな活動を年間を通じて実施しています。今後はこの地域の複数の高校と包括連携協定を結び、関係を構築していくことを予定しています。そのプロトタイプとして坂下高等学校との取り組み内容を紹介します。

10.2 中津川市高大連携授業の取り組み

10.2.1 開講当初の目的と内容

この節では中津川市で実施されている中津川市高大連携授業の取り組みの目的と内容について紹介します。この取り組みは本学の高大連携活動において、計画的に継続された最初の高大連携授業です。

この取り組み以前の高大連携活動は高校の依頼に応じて個々の高校の望む内容を本学の資源を用いて実施する内容でした。具体的に言えば、個別の出前授業、本学で行われるパソコン組み立て実習などがそれにあたります。これらの取り組みの多くは高校側から、高校の人的物的資源では対応が難しいが、生徒に経験させたいことを本学に依頼し、本学で対応できる内容であれば高校に教員を派遣するか高校から本学に来学してもらうなどして実施するものでした。継続されるものも多くありましたが、基本的に年1回の実施が主でした。

上述したように2004年（平成16年3月）に締結された「県立中津高等学校と中京学院大学との連携授業に関する協定[3]」の連携協定の後、中津川市、恵那市にある高校を対象に高大連携授業が企画され、実施されました。この活動の特徴は、高校と本学で内容について検討する機会を設け、高大の学びの接続を意識した取り組みであったことです。また、高校単位認定の時間数は以下の通りです。

「ア　卒業までに履修させる単位数等（中略）単位については，1単位時間を50分とし，35単位時間の授業を1単位として計算することを標準とする。」
出典：『高等学校学習指導要領（平成30年告示）』[4]

開始当初から年間75分×23回（現在は95分×19回）の授業を実施することで、高校の単位として認定されるよう設計されています。現在は、2013年に締結された中津川市、恵那市との包括連携協定の中の一つの事業として継続しています。

10.2.2 体験型学習から探究型学習への移行

高大連携授業が始まった当初の講義内容は、高校からの要望により英会話やネイティブスピーカーによる英語、中国語などの外国語講座を開講していました[5]。知識定着を目的とした座学中心であった高校の英語の授業ではなかった英会話、また高校の講義として開設が難しい中国語の講座を開設することで、受講する生徒に興味を喚起し、新しい取り組みへの認知を向上させることも目的とした体験型学習としました。これらの取り組みには多くの生徒が参加し（初年度英会

話特講60名、中国語44名[6)]、一定の評価を得ることができました[7)]。

しかし、小中高校においてもネイティブスピーカーによる講義が多く実施されるようになり、また高等学校学習指導要領は約10年後ごとに変化しており、時代にそぐわない部分の変更を余儀なくされました。そこで。高等学校の教員と連携をとり、望ましい高大連携授業の内容の変更を継続的に検討、実施しています。大きく変化したのは2013年の中津川市との包括連携協定後です。これは高等学校における1999年3月に出された第7回の学習指導要領の全面改定が高等学校で実施された年でもあります[8)]。その中で総合的な学習の時間においては以下のことが指摘されています。

「第4款　総合的な学習の時間

1　総合的な学習の時間においては、各学校は、地域や学校、生徒の実態等に応じて、横断的・総合的な学習や生徒の興味・関心等に基づく学習など創意工夫を生かした教育活動を行うものとする。

（中略）

5　総合的な学習の時間の学習活動を行うに当たっては、次の事項に配慮するものとする。

(1)　自然体験やボランティア活動、就業体験などの社会体験、観察・実験・実習、調査・研究、発表や討論、ものづくりや生産活動など体験的な学習、問題解決的な学習を積極的に取り入れること。

(2)　グループ学習や個人研究などの多様な学習形態、地域の人々の協力も得つつ全教師が一体となって指導に当たるなどの指導体制、地域の教材や学習環境の積極的な活用などについて工夫すること。」

出典：『高等学校指導要領』第1章総則

このように高校の主体的な学びやアクティブラーニングでの学習、地域連携活動が重視されるなか、学んだことを実践する場を設定して、自らの学びを振り返る機会を設けることを意図して「経営学の理論と実践」「実践中国語講座」を企画し実施していました。

「経営学の理論と実践」ではマーケティングの基本分析の枠組みについてグループワークを通して学び、その後、地域の特産品からメニュー開発を行い、地域のイベントで販売し、決算を行うプログラムを行いました。一方、「実践中国語講座」では中国語会話の勉強の実践の場として、地域の観光地である馬籠宿において中国人観光客と簡単な会話と観光案内を実践していました。

上記に述べてきたようにこの取り組みが、2004年から引きつづき本学の高大連携授業の本質的な目的である「高校と大学の接続を円滑にするための学び」ということは変更せず、時代の変化に伴った内容のみの変更を柔軟に実施してきました。このことは、20年間も継続できた理由の1つであると考えられます。

10.2.3　2023年度以降の取り組み内容（経営学部経営学科）

この節ではコロナ感染拡大が終了し、学習環境がもとに戻った2023年度の取り組みの内容を紹

介します。

　まず、その前年度である2022年から高大連携授業の内容が変化しています。それまでは経営学部経営学科の提供する2講座を実施してきましたが、本学にある他の2つの学部（看護学部看護学科・短期大学部保育科）についての学びも、高校からの要望により専門プログラムを実施することとなりました。看護学部のプログラム参加者は看護学科への興味を確認し、将来の学びに対する知識の習得などを目的とした領域ごとのオムニバスの講義を実施しています。一方、経営学科と保育科のプログラムは地域のイベントの場を実践の場として活用し、そこで必要となる学科の専門的知識の習得とそれを活かした実践と振り返りを行うことで探究型学習に取り組んでいます。

表10-1　2023年度「経営学の理論と実践」シラバス

令和5年度高大連携講座　経営学の理論と実践
－中津川市の特産品を使って六斎市に出店しよう！－

　本講座は、経営学（特に管理会計論）の知識を習得したうえで、実践としての商品開発、販売を主体的に行うことを主目的としています。具体的には、グループで中津川市の特産品を用いた商品開発・製作を行い、六斎市で実践販売を行ってもらいます。本講座を通じて（1）中津川市の魅力を再発見する、（2）経営学の基礎的な知識を習得する、（3）事業計画から出店に至るまでのビジネスを体感することを達成目標とします。

講座スケジュール			
回数	日時	講座内容	場所
第1回	5月16日	開講式：オリエンテーション　グループ分け	駅前ビル
第2回	5月23日	経営学（1）：価値観学習・ターゲットマーケティング	駅前ビル
第3回	5月30日	経営学（2）：環境分析・SWOT分析	駅前ビル
第4回	6月6日	経営学（3）：ターゲッティング	駅前ビル
第5回	6月13日	経営学（4）：マーケティングの4P	駅前ビル
第6回	6月20日	経営学（5）：ブランド戦略・ネーミングとパッケージング	駅前ビル
第7回	7月11日	商品開発（1）：地域の特産品について（ゲスト講師）	駅前ビル
第8回	7月18日	商品開発（2）：事業案の作成・損益分岐点	ひと・まちテラス101C
第9回	10月3日	商品開発（3）：事業案の提案・発表	ひと・まちテラス101C
第10回	10月10日	商品開発（4）：連携先との調整	ひと・まちテラス101C
第11回	10月17日	商品開発（5）：事業案の調整	ひと・まちテラス101C
第12回	10月24日	商品開発（6）：実施に向けた準備計画	ひと・まちテラス101C
第13回	11月14日	商品開発（7）：販売準備	ひと・まちテラス101C
第14回	12月2日	六斎市前日準備	中央公民館
第15回	12月2日		
第16回	12月3日	六斎市販売	中山道会場
第17回	12月3日		
第18回	12月3日		
第19回	12月12日	閉講式：最終報告、まとめ	ひと・まちテラス

【備考】
・12月3日（日）に開催される六斎市での販売活動を講座の成果とします。六斎市が開催されない場合は、成果発表会を設ける予定です。
・知識、経験など前提条件は問いません。ただし、後半からはグループ活動を中心となりますので、主体性、協調性・楽しむ気持ちをもって講座に臨むようにしてください。
・全部で19回の講座となりますが、12月2日の前日準備と12月3日の当日販売は1回分の時間を超過するため、それぞれ2回分、3回分として換算します。

出典：高校生向け配布資料として著者作成

ここでは「経営学の理論と実践」の内容をもとに高大連携授業の特徴を明らかにします。表10-1 はその講義内容のシラバスです。

このように、前半はマーケティングの基本的な概念と分析枠組みをグループワークを通じて学びます。その後実践に向けた商品開発のなかで、提携先である地域の組織（農家や商店等）との交渉、販売前日の準備と実践販売、最後に決算を行い、最終報告をして終了するプログラムとなっています。

参加者は、中津高等学校から20名、坂下高等学校から2名の合計22名であり、学年別でみると1年次14名、2年次6名、3年次2名でした。20名の参加者がいた中津高等学校ですが、そのクラスを見ると一番多いクラスで4名であり、その4名もグループを分けるなど普段とは違う生徒がともに学ぶ環境を構築しました。所属高校における学びとは別の学びがあることを実感し、周りの目を気にせずより主体的に学びに取り組むためにも必要な環境であると考えられます。

実施内容は表10-1のとおりですが、まずグループワークにおけるチームビルディングとして価値観学習を実施しました。居住地と学校が同一の生徒で同じような価値観を有する生徒たちに、別の価値観があることを実感し、違いを認め合いコミュニケーション力の必要性を実感してもらう学習となっています。グループを1年間継続していくことになるので、グループ分けが重要になりますが、この学習をすることがその後の他者理解やコミュニケーションの重要性を説明する場合のポイントとなっています。

商品開発においては各グループ（本年度は5名から6名のグループを4グループ）で地域の特産品から1つまたは2つ選び、購入場所へのインタビューのアポイントをとり、訪問調査を時間外で実施しました。この外部組織との連携により、より学びが深まることが多くあります。地域で思いをもって生産している方から直接に話を聞く機会はこれまでの学習ではあまりなく、その素材を商品化して売ることへの責任感などを実感する機会になっていると考えられます。2023年度の4チームの商品は、地元でお茶を製造販売している企業とコラボした「緑茶マフィン・ほうじ茶マフィン」、地元の酒蔵の酒粕を使った「かす汁と豚汁」、地域のそばとブランド鶏を使った「とり南蛮蕎麦」、地元の栗を使った「お汁粉」の4つでした。

図10-1　グループワーク授業風景
出典：本学教員撮影

資本金として本学から各チームに5000円の資金を提供し、それ以上必要な場合は疑似銀行からの調達や株券を発行して運転資金を工面し、価格設定、損益分岐点を計算して利益予測を立てました。この講

図10-2 六斎市での販売実践の様子
出典：本学教員撮影

義の目標は利益の最大化ではなく予測利益にいかに近い利益を出すかが目標であることを明確にして販売実践に向けた準備を行いました。

前日の準備及び当日の実践販売では各チームが、最低200食分用意し販売を行いました（図10-2）。チームによっては午前中で完売してしまうグループもありましたが、途中で材料を買い足して販売を継続したグループなど、それぞれの目標に向けて主体的に行動する姿が見えました。

図10-3 中津川市ひと・まちテラス安藤館長へ生徒代表が寄付する様子
出典：本学教員撮影

また、受講生徒との話し合いで最終的にこの実践販売の利益の一部を地元の高校生が学習の場所として利用していた中津川市の新しい施設「ひと・まちテラス」に寄付することを受講生が決定しました。2024年3月に代表生徒から安藤館長へ高校生の利用促進のために施設の整備などに使っていただきたいとの希望を伝えて手渡しました（図10-3）。

10.2.4 受講生徒のアンケート結果と分析

この高大連携授業の後、受講生徒に対して探究型授業に関するアンケートを実施しました。ここでは、そのアンケート結果から本活動の成果を検討します。

この講義で身についたと思う力について聞いたアンケート結果は以下の通りでした（表10-2）。

表10-2　この講義で身についたと思う力

学ぶなかで、問題や課題を発見できて、それを解決または相談する力がついた	16
目標に向かって自分で情報を集めたり、分析したり、整理したり、まとめたりする力がついた	10
自分で考えたり、学んだりする主体性が身についた	18
行動力や実行力など行動を起こす力が身についた	12
あたらしいことに取り組む楽しさを学ぶことができた	14
友達や教員と一緒に学ぶ力がついた	16
実社会での知識や技能が身についた	13
自分の考えを相手に伝える力がついた	4
ふりかえってみると、自分の成長を実感できた	15

出典：「探究型高大連携授業アンケート結果」に基づき筆者が作成

上記の結果から、この取り組みを通じて、多くの参加学生に対して高大連携授業の目的である、「受講生徒の主体性を引き出し、課題を発見し解決のために学び、成長を実感できる授業」を提供することができたと考えられます。しかし、「自分の考えを相手に伝える力」の項目については肯定的な意見が4名の回答にとどまり、コミュニケーション力の育成についてはまだ課題があることがうかがえます。ここであげられている「探究的な学習に必要な態度や力」については、大学での学びにおいても同様に、求められる資質であると考えられます。このプログラムの受講生が大学での学びに向かうなかで、この経験が将来の学びにプラスとなる活動であることは本取り組みが継続していくために必要不可欠なことはいうまでもありません。今後、本質的な目的は変えず、プログラムは時代に合った内容に変化させながら継続していけるよう改善を重ねていきたいと思います。

10.3　坂下高等学校との包括連携協定に基づく取り組み

10.3.1　坂下高等学校との包括連携協定締結までの経緯とその目的

この節では、本学の高大連携のもう一つの取り組みである特定高校との包括連携協定に基づくものについて紹介していきます。

本学と最初にその協定を結んでいるのは坂下高等学校ですが、協定以前から提携を行っていました。坂下高等学校には普通科のなかに保育や栄養関係のコースがあり、本学の短期大学部保育科、健康栄養学科の教員が定期的に出前講義や健康栄養学科の教員と高校生と地域の特産品であるそばを使った洋菓子の製造販売などが継続的に行われてきました。経営学部においても年に1回出前講義で経営に関することや一般教養に関することについての講義を実施していました。

包括連携協定についての検討が始まったのは、坂下高等学校が普通科・生活デザイン科を廃止

し、地域探究科に改組する計画が進められていた2021年です。坂下高等学校の地域探究科には「進学・看護コース」「未来共生コース」「保育コース」「調理・製菓コース」の４つのコースが設定されており、それぞれのコースにおいて「地域と共に、地域と育つ」の教育方針のもと、探究活動「自ら問いを設定し、

図10-4　坂下高等学校と中京学院大学の高大連携協定の締結式の様子
出典：中京学院大学ホームページ

情報を収集して、自分で考えを深めながら、課題を解決する」学習を通じて人材育成を図ることを特徴としています[9]。それぞれのコースにおいて高校の教員だけでなく地域の人材や大学との連携によりカリキュラムの充実を検討していた時に、坂下高等学校と一番近い大学である本学との連携を検討していたようです。同じ時期に、本学においても高大連携の重要性が認識されていたものの、地域の高校とより深い連携を行い、地域の人材を地域の大学で育成し、地域に輩出したいとの思いがあり、連携先を検討していました。そのなかで、本学の持つ看護学部看護学科、経営学部経営学科、短期大学部保育科、短期大学部健康栄養学科と近接するコースが設定され、それぞれ関係を構築していたこともあり、2021年の春頃に連携協定に向けた話し合いが本格的に始まり、2021年10月20日に坂下高等学校と本学の「高大連携に関する協定書」が締結されました（図10-4)[10]。

協定における目的は、その第１条で「本協定は　…中略…　教育・研究に関わる連携を推進し、相互の教育・研究の発展に資することにより、生徒及び学生の伸長を図ることを目的とする」とされています。このことは本学から一方的な高校への連携ではなく、相互に学びのフィールドを提供しつつ、本学の学生にとっても坂下高等学校とその生徒とともに学び成長することを目的としています。

10.3.2　坂下高等学校との連携活動内容

本協定に基づく具体的な連携事項はその第２条に書かれています。
①教育課程の編成並びに授業計画及び授業に関する事項（特別活動を含む）
②生徒の進路指導に関する事項
③入学前導入教育に関する事項
④双方の教育力向上（FD）に関する事項

⑤本協定に関わる点検評価に関する事項

⑥その他必要と認める事項

①については、年間を通じて様々な取り組みが実施されています。進学・看護コースの生徒には本学の看護学部の教員が２時間×６回の授業を継続的に実施し、地域探究科１年次の６月には本学の中津川キャンパス、瑞浪キャンパスにおいて大学体験学習を実施しています。秋には出前講座として経営学部教員による地域探究科１年生向けの「RESASの活用」、地域探究科保育コースの生徒向けに本学保育科の教員の「赤ちゃんの世界」「保育実習前講義」「保育の仕事について」を実施しています。また特別活動として、坂下高等学校が主催する11月に行われるイベント「咲明日マルシェ」に本学学生が参加したり、本学主催の２月に行われるイベント「レク＋アス エンジョイ　フェスティバル」に坂下高等学校ギターマンドリン部の生徒が参加したりすることにより、それぞれの学習成果の発表の場として活用しています。

また、坂下高等学校の学校運営協議会に本学の教員が委員として参加しています。学校運営にかかわる事項、教育課程にかかわる事項についてさまざまな学校関係者と協議し、改善を図ることが可能となっています。また高校の校長先生には本学の自己点検評価外部評価者報告会に参加していただき、本学の学校運営、学部のカリキュラムに対して評価点検していただく機会を設けています。このように講義だけでなく相互に学校運営全般に関して情報共有し、改善を図る仕組みが構築されています。

②については高校の紹介動画を本学の教員と坂下高等学校進路指導部の教員と連携して撮影し、ホームページで公開しています[11]。

④については年１回11月に本学教員と坂下高等学校教員合同によるFD研修会を実施しています。2023年度のテーマは「大学アドミッションポリシーの見方、考え方」をテーマに本学からは大学のアドミッションポリシーについて、高校の教員からの率直な意見をいただき、高校側からはアドミッションポリシーから志望理由書の書き方、アドミッションポリシーで大学側が見ている視点について情報共有し活発な意見交換が行われました。2022年度のテーマは「ルーブリック評価の活用方法」であり、毎年お互いの関心あるテーマを持ち寄り、内容を決定しています。

⑤については、９月、12月、３月に３回の定例会を実施し、本学からは各学部の教員代表者、入試広報部担当者、高大連携担当部署教員等が参加し、高校からは校長、教頭、各部門の長の方に参加していただき、会議までの活動の振り返りと改善点、来年度に向けた準備、調整などを行っています。この会議を定期的に実施することで本取り組みの点検評価を確実に実施し、改善を継続できる仕組みが構築できています。

10.3.3　新たに実施する事業・今後の高大接続の展開

第４章で述べられているように本学では１年次対象にプレゼンテーション大会『彩イロドリ』が開催され「セルフプロデュース」の授業の中でその取り組みが行われています。また地域の高校生に対して提供する『彩イロドリプロジェクト』を2024年度から実施しています。その対象高校の３つのうち一つが坂下高等学校です。『彩イロドリプロジェクト』の目的や意図は前述した

とおりです。包括連携協定を結んでいる坂下高等学校の生徒や教員の協力のもと着実に実施することができ、9月に実施されたプレゼンテーション大会『彩イロドリ』において坂下高等学校の生徒3名が上位を独占したことからも本学と坂下高等学校の取り組みについて共通理解が図られている結果であると考えられます。坂下高等学校からも、来年度もぜひ継続したいとの希望をいただけました。

　このように坂下高等学校との包括連携協定から様々な活動を実施するだけでなく、相互理解を進める取り組みを継続して行うことで本学における高大連携の活動はより深まることがわかります。今後、他の高校とも協定を締結していくことを、大学側からだけでなく高校側からも要望されるような活動を推進していきたいと思います。

注

1）文部省中央教育審議会（1999）「初等中等教育と高等教育の接続の改善について（答申）」, https://www.mext.go.jp/b_menu/shingi/chuuou/toushin/991201.htm（2024年8月3日アクセス）
2）中津川市ホームページ「中津川市のあゆみ」（2013）, https://www.city.nakatsugawa.lg.jp/soshikikarasagasu/kohokochoka/2/nakatsugawasinoayumi/1054.html（2024年8月10日アクセス）
3）「岐阜県立中津高等学校と中京学院大学との連携授業に関する協定」は2004年（平成16年）3月に締結された。その目的は第1条で「高校生が大学の授業を履修することにより、高校生の大学教育に関する理解を深め、高校生の学ぶ意欲やさらなる向上心を発揚すること及び高校生の教育に関して高校と大学が連携して教育効果を高めることを目的とする。」とされている。
4）文部科学省（2018）「高等学校学習指導要領解説」, https://www.mext.go.jp/a_menu/shotou/new-cs/1407074.htm（2024年8月3日アクセス）
5）岩本隆明（2005）『中津高等学校校誌　旭陵 VOL.27』「6　中京学院大学との高大連携教育」p.11
6）岩本隆明（2005）『中津高等学校校誌　旭陵 VOL.27』「6　中京学院大学との高大連携教育」p.12
7）岩本隆明（2005）『中津高等学校校誌　旭陵 VOL.27』「6　中京学院大学との高大連携教育」p.16
8）文部科学省旧学習指導要領高等学校指導要領「第1章総」, https://www.mext.go.jp/a_menu/shotou/cs/1320147.htm（2024年7月31日アクセス）
9）岐阜県立坂下高等学校ホームページ「学科紹介地域探究科」, https://school.gifu-net.ed.jp/sakasita-hs/tankyu.html（2024年8月10日アクセス）
10）中京学院大学ホームページ「岐阜県立高等学校との高大連携協定締結, https://www.chukyogakuin-u.ac.jp/topics/30_61725b8bc0178/index.html（2024年8月10日アクセス）
11）坂下高等学校ホームページ「中学生の方へ学校紹介動画」, https://school.gifu-net.ed.jp/sakasita-hs/movie.html（2024年8月10日アクセス）

参考文献

岩本隆明（2005）「6　中京学院大学との高大連携教育」『中津高等学校校誌　旭陵 VOL.27』中津高等学校 pp.11-16.
岐阜県立坂下高等学校ホームページ「学科紹介地域探究科」, https://school.gifu-net.ed.jp/sakasita-hs/tankyu.html（2024年8月10日アクセス）
岐阜県立坂下高等学校ホームページ「中学生の方へ学校紹介動画」, https://school.gifu-net.ed.jp/sakasita-hs/movie.html（2024年8月10日アクセス）

文部科学省中央教育審議会（1999）「初等中等教育と高等教育の接続の改善について（答申）」, https://www.mext.go.jp/b_menu/shingi/chuuou/toushin/991201.htm（2024年8月3日アクセス）

中京学院大学ホームページ「岐阜県立高等学校との高大連携協定締結」, https://www.chukyogakuin-u.ac.jp/topics/30_61725b8be0178/index.html（2024年8月10日アクセス）

中津川市ホームページ（2013）「中津川市のあゆみ」, https://www.city.nakatsugawa.lg.jp/soshikikarasagasu/kohokochoka/2/nakatsugawasinoayumi/1054.html（2024年8月10日アクセス）

文部科学省（2018）「高等学校学習指導要領解説」, https://www.mext.go.jp/a_menu/shotou/new-cs/1407074.htm（2024年8月3日アクセス）

文部科学省旧学習指導要領高等学校指導要領（1999）「第1章総則」, https://www.mext.go.jp/a_menu/shotou/cs/1320147.htm（2024年7月31日アクセス）

> Column

1期生インタビュー

中津川市高大連携授業の第1期生で、現在は中津川市役所の定住推進部市民協働課で活躍されている有我友香理さんに高大連携授業に参加した理由やその後のキャリアへの影響についてインタビューを行いました。

質問①：高大連携授業を受講したいと考えた理由を教えてください。
　有我さん：私が2年生の時に高大連携授業が始まったのですが、地元にある大学との新しい取り組みであり、大学の授業を受けてみたいと思い受講を希望しました。高校では普通科の英語コースに所属していましたが、英会話の授業は1科目しかなく、英会話を高校で学ぶ機会も少なかったため、英会話特講という授業に興味を持ちました。受講してみると他の学校の生徒や、他学年の生徒とともに学ぶ環境も新鮮に感じました。

質問②：受講してみて身についたことや受講後の高校生活の変化はありましたか？
　有我さん：大学の授業をイメージできました。内容的には難しい内容もありましたがなんとか最後までできてよかったです（英会話特講は60名登録して修了者は33名）（講座修了証明書を持参していただいた）。
　3年生の時には中国語特講を継続して受講した理由は、中国語は高校では全くない授業で教養として身に付けたいと思ったのと、前年中国語特講を受講した友人の評価が良かったことから受講しようと考えました。中国語を学ぶことで言語全般に興味がわき、大学は外国語学部英米学科に進学し、高大連携で大学の講義の一端に触れた経験が大学での講義に慣れるのにも役に立ったと思います。

質問③：卒業後のキャリアへの影響はありましたか？
　有我さん：卒業後は地元の新聞社に就職し記者として中津川支局を担当したときも、転職して中津川市役所で勤務している現在も、地域に根ざした大学という認識があり、いろいろなことで連絡しやすい関係になっているのは高大連携授業の経験があったからだと感じています。

質問④：今の高大連携授業を受講している高校生に向けたエール・アドバイスは何かありますか？
　有我さん：まず高大連携授業が20年続いているのがすごいと感じました。当時はなかった看護・保育の授業も実施されており、高校生にとって高校では受講できない内容が提供されているのも高校時代から目的意識が持てて良いと感じました。受講している高校生の皆さんは自ら学ぶ意欲をもって主体的に学んでほしいと思います。そして、現職の定住推進部市民協働課としては、大学卒業後や就職後はこの地域で活躍してほしいと思っています。

第11章　ボランティア活動による社会教育の実践

林　雪華

11.1　はじめに

　ボランティア（volunteer）の語源とされる「ボランタス（Voluntas）」は、本来「自由意志」という意味です。しかし、戦乱続きのヨーロッパで「自警団」や「志願兵」の意味に変化しました。現在、海外では「自発的に行動すること」としてとらえているのに対して、日本では「無償で奉仕する」意味合いの方が一般的です。

　日本において、第2次大戦後の社会環境の変化に伴いボランティアブームとも呼べる事象が繰り返し起こっていました。1990年代初頭では、高齢化社会への対応策の一つにボランティア活動が主に地域福祉の関連事業として行われていました。1995（平成7）年1月17日に起きた阪神・淡路大震災をきっかけに、多くの市民が災害ボランティアとして救助活動等に参加したことから、一般に、1995年は、「ボランティア元年」といわれるようになりました。さらに1998年の「特定非営利活動促進法（NPO法）」の制定に至りました。

　この章は、本学経営学部におけるボランティア活動の取り組みについて紹介します。

11.2　カリキュラムに登場する「ボランティア」科目

　教育現場では、「生涯学習[1]時代の社会教育の活性化に向けて」、ボランティア活動を推進しています。

　2001（平成13）年度の「文部科学白書」には、「文部科学省では、生涯学習の振興の観点からボランティア活動の支援・推進を図るため、青少年から高齢者に至るあらゆる層の人々を対象に、各種の施策を実施しています」（第2部第1章第6節3項）と明示し、「生涯学習とボランティア活動の関連」（第2部第1章第6節2項）について次の3つの視点からとらえています。

　①ボランティア活動そのものが自己開発、自己実現につながる学習の場であるという視点

　②ボランティア活動を行うために必要な知識・技術を習得するための学習活動があり、学習成果を生かし、深める実践としてのボランティア活動があるという視点

　③人々の学習活動を支援するボランティア活動によって、生涯学習の振興が一層図られるという視点

　このように、ボランティア活動は、単なる「奉仕活動」だけでなく、「生涯学習」の一環として位置づけられるようになりました。

11.2.1　生涯学習振興の観点からのボランティア活動

　こうした動きの中、本学経営学部は、2004年度より教養科目の総合科目に「ボランティア」を取り入れました。さらに2008年度より教養科目の現代社会の探究に「ボランティア論」を導入しました。以降、学生ボランティア活動は、サークル活動や任意な課外活動ではなくなり、正規のカリキュラムの一科目として取り組まれるようになりました。

　ただし、2011年度～2016年度において、当該科目はカリキュラム上「ボランティア」科目はなく、「単位読替」形式で取り組まれていました。

　この段階におけるボランティア活動は、地域社会への貢献活動の一環としてとらえられており、主に「自己開発、自己実現につながる学習の場」に位置づけられていました。

11.2.2　社会的・職業的自立に向けた体系的なキャリア教育へ

　社会情勢の変化や教育改革の動向等を踏まえて、経営学部はカリキュラムを変更し、2017年度よりキャリア科目として「ボランティアA」と「ボランティアB」を導入しました。そして2024年度よりキャリア科目の「ボランティア」へと変更しました。

　第2章で示されているように、経営学部は2017年度以降のカリキュラムで、キャンパス内だけで学ぶのではなく、ボランティアやインターンシップなどのキャリア科目を通して社会に出ることで、学びへのモチベーションが高まることや、将来のキャリア形成を考える、「社会的・職業的自立に向けた体系的なキャリア教育」を目的として実施しています。特に2020年度よりビジョンとして掲げている「地域における知の拠点の実現」（「東濃まるごとキャンパス」の実現）を達成するために、地域社会とのボランティア活動の取り組みはより重要になっています。

　すなわち、2017年度以降におけるボランティア科目の目的は、「ボランティア活動を行うために必要な知識・技術を習得し、学習成果を生かし、深める実践としてのボランティア活動により、生涯学習の振興が一層図られる」段階に進みました。

11.3　ボランティア活動に期待する教育的効果

　前述したように、ボランティア活動は単なる地域社会への奉仕活動だけではなくなり、キャリア形成にも、生涯学習の振興にも教育的効果が期待されています。

　経営学部で取り組んでいるカリキュラムの教育目標は、本学の教育目標（表11-1）に沿って行われています。

　具体的には、ボランティア活動評価シートに「4つの力11の要素」を落とし込むことによって、「自ら考え、自らなすべきことを理解し、進んで行動できる」真剣味のある人財の育成を目指しています。

表11-1　中京学院大学の教育目標

・理論と実践を結びつけることができる人財
【問題発見力・課題解決力】 　常に幅広い視野を持ち、様々な情報の中から必要な情報を取捨選択しながら、柔軟な発想で問題を発見し解決へと導くことができる力
【実践力】 　健康な体を維持しながら、それを土台として常に物事を前向きに考え、責任をもって諦めずに最後まで行動することができる力
・社会性豊かな人財
【コミュニケーション力】 　ルールやマナーを守り、自己の考えを正確に伝えながら他者の思いや考えを受け止め、価値観の多様性を理解して協働することができる力
・人間味豊かな人財
【地域社会に貢献する力】 　向上心や責任感を持ちながら何事にも取り組むことで自己理解を図り、人間の生きる意味の尊さや奉仕の精神を育み、他者や地域社会のために主体的に行動することができる力
・専門的知識・技能を持つ人財
【専門的知識・技術力】 　学部及び学科の専攻に係わる体系的な知識や実践的技術を修得して、状況に応じて活用することができる力

出典：中京学院大学経営学部「2024年度学生ハンドブック」より筆者作成

11.4　具体的な取り組み内容

　経営学部は、2019年度よりボランティア活動に教育効果を織り交ぜた「サービス・ラーニング（Service-Learning）」を取り入れています。

　サービス・ラーニングとはサービス（貢献活動）とラーニング（学習）をつなげ、ボランティア活動を学外で行い、その活動体験を通して学びを得ることを目指す教育手法の一つです（村上、2007）。

　2024年度前期の「ボランティア」科目のシラバス概要は、表11-2の通りです。

　なお、具体的に次の手順によって授業は実施されています。

11.4.1　ボランティア活動に参加する前の準備
　①事前説明会への参加

　新年度の始めに「ボランティア」科目の履修希望者は、全学年学生を対象とする事前説明会に参加し、かつ自己の現状を把握するため、「4つの力11の要素」に照らし合せた「活動前　ボランティア活動評価シート」（表11-3）を作成します。

　②ボランティア活動への応募

　地域社会から要請されたボランティア活動がその都度学生に案内され、参加希望学生はそれに応募し、かつ活動に対する心構えや準備、そして「4つの力と11の要素」の目標設定とその目標

表11-2 中京学院大学経営学部経営学科の「ボランティア」シラバス概要

授業の目的
実際の活動やその振り返りを通じてボランティアや地域貢献活動の意義、そして地域の現状を理解することを目的とします。
授業の概要
講義および活動への参加を通して、ボランティアの意義や地域貢献活動の意義を理解します。加えて、活動に参加することにより、地域の現場で起きている諸問題を理解し、自らの役割と出番を考えます。

講義計画		
回数	学習内容	授業の運営方法
1	授業概要の説明。ボランティア・地域貢献活動とは何か	ガイダンスを2時限連続で実施。 ※日時はチームズで案内。
2	事前学習：活動参加の心得、活動・学びの目標設定（ボランティア活動評価シート〈活動前〉の作成）	ガイダンスとして2時限連続で講義を実施。 ※掲示板で案内します。
3〜14	活動参加（合計40時間以上）	
15	地域で活動してきたことを通して学んだことや気づき、成功・失敗体験などについて教員と振り返ります。	教員による面談・振り返り

出典：中京学院大学経営学部シラバスより筆者作成

表11-3 活動前 ボランティア活動評価シート

活動前	ボランティア活動評価シート							学籍番号	
			記入日： 年 月 日					氏 名	
評価項目		着眼点	本人評価					本人記入欄 （自分の強み、弱みについて記入する）	
4つの力	11の要素		100	80	60	40	該当なし		
思考力	リフレクション力 　広い視野を持ち、様々な情報を取捨選択することで社会や自分の現状を把握し、課題を発見する力	現状を的確に把握し分析している	○	○	○	○	○	強み	
		分析結果をもとに問題点を見出している	○	○	○	○	○		
		取り組むべき議題を明確にしている	○	○	○	○	○		
	計画性 　課題を解決するために計画を立てる力	課題解決のための手順、方法を考え出している	○	○	○	○	○		
		手順、方法は、常に複数案を用意している	○	○	○	○	○		
		複数案の中から最適案を選択している	○	○	○	○	○	弱み	
	創造力 　新しい考え方や方法を創り出す力	常に新しい発想、考えを身につけるよう行動している	○	○	○	○	○		
		良い発想をするための方法を積極的に習得している	○	○	○	○	○		
		課題に対して新しい解決方法を考え出している	○	○	○	○	○		
行動力	挑戦力 　考えや思いを確実に行動に移す力	自ら目標を設定し、その達成に取り組んでいる	○	○	○	○	○	強み	
		目標達成の手順、方法を考え、確実に進めている	○	○	○	○	○		
		困難に遭遇しても、粘り強く行動している	○	○	○	○	○		
	貫徹力 　行動に移したことを最後までやり通す力	周囲からの指示がなくても、自分の考えに基づいて遂行している	○	○	○	○	○	弱み	

		自分が正しいと思う考えを、周囲の人々に丁寧に伝えている	○	○	○	○	○	
		自分の考えを貫き通し、自分でやり通している	○	○	○	○	○	
コミュニケーション力	規律性 ルールやマナー、約束を守る力	社会のルール、マナーをよく守っている	○	○	○	○	○	強み
		約束したことは必ず守っている	○	○	○	○	○	
		リーダーの指示に従い、集団行動をとっている	○	○	○	○	○	
	傾聴力 他者の話に耳を傾ける力	相手が話しやすい雰囲気づくりをしている	○	○	○	○	○	
		相手の話を前向きに聞く態度を取って聞いている	○	○	○	○	○	
		適切なタイミングで質問をしている	○	○	○	○	○	
	表現力 自分の考えを正確に伝える力	事前に話すポイントを整理している	○	○	○	○	○	弱み
		要点を押えて理路整然と話している	○	○	○	○	○	
		相手の立場、気持ちを考えて話している	○	○	○	○	○	
	フレンドシップ力 他者を敬い、状況に応じて周囲と協力しようとする力	相手の意見や立場を尊重している	○	○	○	○	○	
		周囲の人々と意識して協働している	○	○	○	○	○	
		他人の意見、やり方を受け入れ、自己向上に活かしている	○	○	○	○	○	
セルフモチベーション力	主体性 自ら進んで物事を行う力	指示がなくても、やるべきことを自ら見つけて取り組んでいる	○	○	○	○	○	強み
		知識・技術を意欲的に身につけようとしている	○	○	○	○	○	
		他人が嫌がることも行っている	○	○	○	○	○	
	まごころ力 自分自身や人間の生きる意味の尊さに気づき、その実現に向けて行動する力	自分自身や人間の生きる意味の尊さに気づき、その実現に向けて行動する	○	○	○	○	○	弱み

着眼点の評価基準	
周囲も明らかに認める行動がとれている	100
行動がとれている	80
どちらかと言えば行動がとれている	60
どちらかと言えば行動がとれていない	40
評価できない（見られない）	該当なし

を達成するための行動について考え、「活動参加・振り返りシート」（表11-4）の「活動参加前記入」の部分を作成します。

11.4.2　ボランティア活動の従事

学生が各自希望するボランティア活動を体験します。2024年度では、8月までに実践されてきたボランティア活動は以下のとおりです。

①「バードウォッチング！～公民館のまわりで鳥みっけ～」（図11-1）

5月18日中央公民館、5月25日神坂公民館、6月29日福岡公民館で計3回にわたり、各回2時間ほど散策しながら多岐にわたる鳥を観察するイベントです。学生ボランティアは参加者の安全確保、参加者とのコミュニケーションを取りながら一緒にイベントを盛り上げました。

表11-4 活動参加・振り返りシート

活動参加・振り返りシート

学籍番号　　　　　氏名

活動名：

活動参加前記入　　　（記入日：　　年　　月　　日）

どのような心構えと準備をして活動に参加するか、記入してください。

活動でとくに身につけたい力を挙げて、その目標を達成するために、あなたはどのような行動をするのかを記入してください。
【目標：身につけたい力（裏面の4つの力11の要素を参照してください）】

【具体的な行動】

活動参加後記入　　　（記入日：　　年　　月　　日）

活動は（1）どのような内容だったのか、（2）事前に設定した目標について活動中にあなたができたことを記入してください。

活動に参加して何を学び、どのような成長があったか。また自分の強み、弱みと思ったこと。

学び	成長	強み	弱み

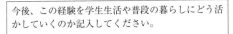

今後、この経験を学生生活や普段の暮らしにどう活かしていくのか記入してください。

（表面）

4つの力	11の要素
思考力	リフレクション力 　広い視野を持ち、様々な情報を取捨選択することで 社会や自分の現状を把握し、課題を発見する力
	計画性 　課題を解決するために計画を立てる力
	創造力 　新しい考え方や方法を創り出す力
行動力	挑戦力 　考えや思いを確実に行動に移す力
	貫徹力 　行動に移したことを最後までやり通す力
コミュニケーション力	規律性 　ルールやマナー、約束を守る力
	傾聴力 　他者の話に耳を傾ける力
	表現力 　自分の考えを正確に伝える力
	フレンドシップ力 　他者を敬い、状況に応じて周囲と協力しようとする力
セルフモチベーション力	主体性 　自ら進んで物事を行う力
	まごころ力 　自分自身や人間の生きる意味の尊さに気づき、その実現に向けて行動する力

（裏面）

図11-1　中央公民館周辺のバードウォッチング！（2024.5.18）
出典：中京学院大学ホームページa

図11-2　XTERRA JAPAN Nenouekogen の学生ボランティアによる作業光景（2024.5.19）
出典：中京学院大学ホームページb

② XTERRA JAPAN Nenouekogen（図11-2）

XTERRA（エクステラ）は、オフロード版トライアスロンです。5月18日、19日の2日間にわたり、学生ボランティアは選手が気持ちよく競技できるように給水、選手の誘導、ゴールテープの準備をし、かつメダルの授与、会場の撤収作業を行いました。

③その他ボランティア活動

- 第7回清流木曽川中津川リレーマラソン大会（5月25日［前日準備］・26日［当日運営］）
- 中津川市特定検診（6月22日、7月10日、7月24日）
- カワゲラウォッチング（6月20日）
- ひかり学童保育（7月22日〜8月26日［土日・お盆期間を除く］）
- 坂本夏祭り（7月27日）
- 障がい児放課後デイサービス　かがやきキッズクラブ（7月31日〜8月30日）
- 福岡B＆G海洋センタープール（8月10日〜8月25日［月曜日を除く］）
- 中津川おいでん祭やさしいまつり（8月12日）
- なかつがわ日本語ひろば（8月17日、18日、24日）
- 上矢作町ふるさとまつり2024（8月24日）

11.4.3　ボランティア活動後の振り返り

学生は、ボランティア活動ごとに、体験活動を終えたら、参加したボランティア活動の内容、事前に設定した行動目標の達成度、活動を通して学んだこと、成長したこと、認識できた自分の

強みと弱み、さらに、この活動体験を今後にどう活かせるかなどを含め、「活動参加・振り返りシート」(表11-4)を完成します。

11.4.4 最終レポートの提出

最後に、学生は単位認定(成績評価)を受けるため、40時間[2]以上のボランティア活動を体験し終えたら、担当教員との面談を経て、総括的なレポートを作成し提出します。

ボランティア活動を通して、事前に自己の現状を把握し、ボランティア活動ごとに伸ばしたい力とその達成目標を決め、そして最終的に何を学べたか、目標の達成度合いを記録することで、学生は自己の成長を実感できます。

ただし、2024年度より事前記入シートと振り返りシートの記入をMicrosoftのForms形式に変更しました。

11.5 ボランティア活動への取り組みに対する成果及び効果検証

経営学部でのボランティア活動の取り組みに対する効果検証は主に、参加学生によるベンチマーク(自己評価)です。ただし、履修科目の成績評価は、担当教員が提出された最終レポートの内容によって行います。

経営学部は前述したように、大学生活を通して身に付けてほしい人格識見「4つの力11の要素」をボランティア活動への取り組みに対する評価項目としています。さらにそれぞれの要素に1～3の着眼点、合計31の着眼点を5段階(表11-3)に分けた学生による自己評価形式を採用しています。

11.5.1 事前記入シートによるベンチマーク

ボランティア活動に参加する前の事前記入シートは2種類あります。

①「活動前　ボランティア活動評価シート」(表11-3)

学生が事前説明会を受ける時点、自分自身の現状を把握するための「4つの力11の要素」を31の「着眼点」に分けて5段階で評価し、さらにそれぞれの強みと弱みについての自己分析した内容を記入します。

②「活動参加・振り返りシート」(表11-4)

学生が応募したボランティア活動を体験する前に、表11-4の「活動参加前記入」の部分にそのボランティア活動を通して身に付けたい力・要素、応募したボランティア活動に対してどのような心構えを持ち、どのように準備をしていき、並びに身に付けたい力・要素の目標と目標達成するための行動を記述します。

11.5.2 振り返りシートによるベンチマーク

ボランティア活動を体験した後の振り返りシートも2種類あります。

① 「活動参加・振り返りシート」(表11-4)

各ボランティア活動を体験し終えたら、学生が表11-4の「活動参加前記入」に記載した内容と比較し、振り返りながら体験した活動内容とその活動でできたこと、かつ体験活動を通して何を学べたか、どのように自己の成長、強みと弱みを感じたか、並びにこの経験を今後どのように活かしていくかについて「活動参加後記入」の部分に記入します。

② 「活動後 ボランティア活動評価シート」(表11-5)

40時間以上のボランティア活動を体験し終えた学生は、単位認定・成績評価に値します。1年

表11-5 活動後 ボランティア活動評価シート

活動前		ボランティア活動評価シート								学籍番号
						記入日: 年 月 日				氏 名
評価項目			本人評価					気づき度		本人記入欄
4つの力	11の要素	着眼点	100	80	60	40	該当なし	前後差	能力計	(評価の理由、今後の課題など「気づき」を自由に記入してください。)
思考力	リフレクション力 広い視野を持ち、様々な情報を取捨選択することで社会や自分の現状を把握し、課題を発見する力	現状を的確に把握し分析している	○	○	○	○	○			
		分析結果をもとに問題点を見出している	○	○	○	○	○			
		取り組むべき議題を明確にしている	○	○	○	○	○			
	計画性 課題を解決するために計画を立てる力	課題解決のための手順、方法を考え出している	○	○	○	○	○			
		手順、方法は、常に複数案を用意している	○	○	○	○	○			
		複数案の中から最適案を選択している	○	○	○	○	○			
	創造力 新しい考え方や方法を創り出す力	常に新しい発想、考えを身につけるよう行動している	○	○	○	○	○			
		良い発想をするための方法を積極的に習得している	○	○	○	○	○			
		課題に対して新しい解決方法を考え出している	○	○	○	○	○			
行動力	挑戦力 考えや思いを確実に行動に移す力	自ら目標を設定し、その達成に取り組んでいる	○	○	○	○	○			
		目標達成の手順、方法を考え、確実に進めている	○	○	○	○	○			
		困難に遭遇しても、粘り強く行動している	○	○	○	○	○			
	貫徹力 行動に移したことを最後までやり通す力	周囲からの指示がなくても、自分の考えに基づいて遂行している	○	○	○	○	○			
		自分が正しいと思う考えを、周囲の人々に丁寧に伝えている	○	○	○	○	○			
		自分の考えを貫き通し、自分でやり通している	○	○	○	○	○			
コミュニケーション力	規律性 ルールやマナー、約束を守る力	社会のルール、マナーをよく守っている	○	○	○	○	○			
		約束したことは必ず守っている	○	○	○	○	○			
		リーダーの指示に従い、集団行動をとっている	○	○	○	○	○			
	傾聴力 他者の話に耳を傾ける力	相手が話しやすい雰囲気づくりをしている	○	○	○	○	○			

		相手の話を前向きに聞く態度を取って聞いている	○	○	○	○	○	
		適切なタイミングで質問をしている	○	○	○	○	○	
	表現力 自分の考えを正確に伝える力	事前に話すポイントを整理している	○	○	○	○	○	
		要点を押えて理路整然と話している	○	○	○	○	○	
		相手の立場、気持ちを考えて話している	○	○	○	○	○	
	フレンドシップ力 他者を敬い、状況に応じて周囲と協力しようとする力	相手の意見や立場を尊重している	○	○	○	○	○	
		周囲の人々と意識して協働している	○	○	○	○	○	
		他人の意見、やり方を受け入れ、自己向上に活かしている	○	○	○	○	○	
セルフモチベーション力	主体性 自ら進んで物事を行う力	指示がなくても、やるべきことを自ら見つけて取り組んでいる	○	○	○	○	○	
		知識・技術を意欲的に身につけようとしている	○	○	○	○	○	
		他人が嫌がることも行っている	○	○	○	○	○	
	まごころ力 自分自身や人間の生きる意味の尊さに気づき、その実現に向けて行動する力	自分自身や人間の生きる意味の尊さに気づき、その実現に向けて行動する力	○	○	○	○	○	

着眼点の評価基準	
周囲も明らかに認める行動がとれている	100
行動がとれている	80
どちらかと言えば行動がとれている	60
どちらかと言えば行動がとれていない	40
評価できない（見られない）	該当なし

次～4年次にわたり、最初に参加した説明会で作成した「活動前　ボランティア活動評価シート」（表11-3）と照らし合わせ、学生が31の着眼点のすべてについて、その変化を「気づき度」として体験活動前後の数値差（前後差）と総合点（能力計）を算出し、それぞれの変化の理由と今後の課題について振り返りながら「活動後　ボランティア活動評価シート」（表11-5）を作成します。

このように、学生はボランティア活動評価シートを作成することによって、ボランティア活動を通して体験したさまざまな課外活動（社会活動）でどれだけのことを学び、成長したかを実感できます。

11.5.3 最終レポートによる成果評価

最終的に学生は、記入したシートと合わせて、最終レポートを科目担当教員に提出し、成績評価基準に基づいて評価されます。

本学経営学部の「ボランティア」科目は活動体験が終われば完結するものではありません。活動後に「振り返り」作業が組み込まれていることにより、学生は自己の体験から実践的な学びを引き出し、意識化し、自ら考えて積極的に行動するようになっていきます。

11.6 今後の課題・改善すべき点

経営学部で実践しているボランティア活動評価シートには、5段階評価によるベンマークで、体験活動に参加した学生が、活動前後の変化をより可視化することで各自の成長度合いをより感じ取れ、次のステップに結びつく学びや行動がとれるメリットがあります。ただし、次のような改善すべき課題もあります。

①客観的な評価基準の設定

現在のベンチマーク方法はあくまでも参加学生による自己評価であるため、主観的な判断に偏りがちで、より客観的な評価基準も必要です。

②活動内容と学生の希望のマッチング

現在のボランティア活動への応募方法では、参加学生が期待する成長には必ずしも応えられるとは限りません。学生の多くは、学業とクラブ活動の合間にボランティア活動を行うので、時間が制限されているため興味を持つ活動に参加できないこともあります。

③継続的な参加による成長

現在のボランティア活動の多くは、年に1度しかないイベントで、1回限りの参加でもある程度学べて成長できますが、同じ体験内容を繰り返すことによるより深みのある学習効果を得るのは難しいです。

④学内学習[3]の効果検証

現在のボランティア活動に対する評価は、専門的知識及び技術を支える人格識見の育成にウェイトをおいています。それは専門的知識及び技術の学習にどのような影響を及ぼしているかは検証できていません。

⑤マイナス成長[4]への対応

学生がボランティア活動を通して、学び、気づき、成長することを期待されますが、残念ながら、一部にマイナス成長と感じた評価もありました。学生にマイナス成長と感じさせた理由の検証はできていません。

11.7 今後の展開

2019年度より取り入れたサービス・ラーニング形式の「ボランティア」科目は、残念なことに、2020年度〜2022年度のコロナ禍の影響によりほとんどの地域社会活動が一時的に中止されたことで特別な対応を取らざるを得ませんでした。そのため、当初に予定されていた学生の成長についての実感は「肌感覚」にとどまり、客観的なデータで示すことができませんでした。ただし、ボランティア活動に参加したことは着実に学生のエンパワーメントや将来に向けてのキャリア形成に役立つため、2024年度からのカリキュラム実施とともに、前節で述べた課題を解決しつつ、以下の取り組みの実施を目指します。

①客観的な評価基準の設定

ボランティアを要請した地域組織（第3者）による評価を加え、より客観的な評価基準の設定を工夫します。

②活動内容と学生の希望のマッチング

ルーティンで行われているボランティア活動の内容を的確に把握し、学生が伸ばしたい力・要素になるべくマッチするコーディネートシステムを構築します。

③継続的な参加による成長

2～4年間継続して同じボランティア活動を体験できることでより深みのある学習機会を積極的に提供します。

④学内学習の効果検証

ボランティア活動が学内学習にどのような影響を及ぼしているか、それを検証できるシステムを構築します。

⑤マイナス成長への対応

学生にマイナス成長と感じさせたことについてアカデミック・アドバイジングなどで対応できるように工夫します。

注

1）文部科学省によれば、「生涯学習は、学校教育や社会教育の中で、意図的・組織的な学習活動として行われるだけではなく、スポーツ活動、文化活動、趣味、レクリエーション活動、ボランティア活動などの中でも行われるもの」とし（平成13年度版文部科学白書　第2部第1章第1節）、のちに、「『生涯学習』という言葉については、一般には、人々が生涯に行うあらゆる学習、すなわち、学校教育、社会教育、文化活動、スポーツ活動、レクリエーション活動、ボランティア活動、企業内教育、趣味など様々な場・機会において行う学習の意味で用いられる」と定義付けました（平成15年度版文部科学白書　第2部第1章第1節）。
2）ただし、2020年度～2022年度においては、ボランティア活動の多くがコロナ禍によって一時的に中止されていたため、卒業要件に係る4年生を対象に、20時間以上とした特別措置を取りました。
3）学内学習とは、大学構内における授業を意味します。
4）インターンシップやボランティアなど、学生は社会に出て学習することで、社会の厳しさや自分ではできていると思っていたことが社会ではまだまだ通用しないという経験をすることにより、一時的に自己肯定感が低下し、マイナス成長と感じる場合があります。

参考文献

厚生労働省（2018）「人づくり革命　基本構想」, https://www.kantei.go.jp/jp/content/000023186.pdf（2024年8月8日アクセス）

中京学院大学ホームページa「公民館講座『公民館の周りで鳥みっけ』を実施しまた」, https://www.chukyogakuin-u.ac.jp/topics/30_664ee5fe041fc/index.html（2024年9月8日アクセス）

中京学院大学ホームページb「XTERRA JAPAN Nenouekogen のボランティア活動をしてきました」, https://www.chukyogakuin-u.ac.jp/topics/30_664eecb165b97/index.html（2024年9月8日アクセス）

馬場祐次朗（2015）「生涯学習社会におけるボランティア活動の意義と役割」（国立教育政策研究所），

https://www.nier.go.jp/jissen/training/h26/shuji_b/pdf/0126_02.pdf（2024年 8 月 8 日アクセス）
宮垣元（2020）『その後のボランティア元年－NPO・25年の検証－』晃洋書房
村上むつ子（2007）「地域貢献活動を学習に"サービス・ラーニング"の試み　教育学術新聞　日本私立大学協会」, https://www.shidaikyo.or.jp/newspaper/rensai/education/2258-3-4.html（2024年 7 月27アクセス）
文部科学省（2002）「平成13年度　文部科学白書」, https://warp.ndl.go.jp/info:ndljp/pid/11293659/www.mext.go.jp/b_menu/hakusho/html/hpab200101/index.html（2024年 8 月 8 日アクセス）
文部科学省（2004）「平成15年度　文部科学白書」, https://warp.ndl.go.jp/info:ndljp/pid/11293659/www.mext.go.jp/b_menu/hakusho/html/hpab200301/index.html（2024年 8 月 8 日アクセス）
文部科学省（2019）「平成30年度　文部科学白書」, https://www.mext.go.jp/b_menu/hakusho/html/hpab201901/1420047.htm（2024年 8 月 8 日アクセス）

> Column

域学連携事業での学生ボランティア：公民館のまわりで鳥みっけ

中京学院大学短期大学部保育科　特任講師　富田　宏

　域学連携事業のひとつである「公民館のまわりで鳥みっけ」は、大学・行政・市民が協働して岐阜県中津川市内の主に鳥類の分布を明らかにすることを目的に企画された自然観察会です。2024年5月から6月に中津川市の中央公民館、神坂公民館、福岡公民館での実施を皮切りに、市内全13カ所の公民館での開催を目指して取り組んでいます。実施にあたっては地域の方々と相談をしながら鳥類をはじめとした自然観察のルートを一緒に考えることを大切にしています。

　参加した学生ボランティアから「鳥の鳴き声や姿にさまざまな個性があって面白い」、「鳥や草木を気にして見ることもなかったので新鮮で自然に興味を持った」という感想とともに、「市役所や市民の方々と一緒に歩いてお話しすることができて楽しかった」と、皆が口にしていたのは私にとって予想外の喜びでした。はじめて会った人と一緒に鳥を探しながら草木を眺めながらのんびりと歩く時間の中で、学生それぞれが居心地の良さや楽しさを見出したこと。それは地域とつながる大切な"力"ではないでしょうか。

　そして、学生ボランティアが参加した域学連携事業をきっかけとして地域に新たな動きが生まれつつあります。中津川市福岡の福岡中学校は昭和45年（1970年）に第24回全国愛鳥週間中学校の部で優秀賞（文部大臣賞）を受賞しました。当事業の準備を進めるなかで、1970年頃の福岡中学校の活動の様子を収めた記録映像がYouTubeで公開されていること、記録映像にも登場するコサメビタキを発見し50年の時を経ても同じ鳥が福岡へ飛来していること、そして1970年頃の活動の中心となった"小鳥クラブ"の顧問を務めておられた先生のご子息にお会いするなど、いくつかの予期しない出来事とつながりの発生によって、当時の愛鳥活動の舞台となった曙松林公園を野鳥の森にしようという取り組みが始まろうとしています。

第12章　地域づくりにつながる多文化共生推進教育の実践

李　瑾

12.1　はじめに

　この章では、本学で行われている地域づくりにつながる多文化共生推進に関する教育について紹介していきます。ここでいう多文化共生という言葉は「国籍や民族などの異なる人々が、互いの文化的ちがいを認め合い、対等な関係を築こうとしながら、地域社会の構成員として共に生きていくこと」[1]を意味します。

　まず、その取り組みの背景について下記の3つの観点から述べたいと思います。

12.1.1　日本社会における多文化共生推進の歩み

　「多文化共生の推進に関する研究会報告書」(2006) によると、日本社会における外国人住民の始まりは、終戦前から引き続き日本に在留している朝鮮半島出身者及びその子孫に遡ります。1980年代以後、経済活動のグローバル化が進展し、人々の越境的な活動が活発化するなかで、中国帰国者やインドシナ難民の受け入れ、「留学生受け入れ10万人計画」などの政策が実施されました。また、80年代半ばから国際結婚が増え、中国、フィリピンなどアジアを中心とした花嫁が日本にやってきました。その頃から朝鮮半島出身者以外の外国人住民が徐々に増加してきました。1990年には入国管理法が改正され、日系南米人が「定住者」として日本での就労が可能となり、製造業が盛んな地域では日系南米人の住民が急増しました。また、同時期からアジアを中心とする国々からの研修生・技能実習生の受け入れも進展し、外国人住民の増加傾向には多国籍化、定住化の傾向が見られるようになりました。そのため、日本社会では1980年代から「国際交流」と「国際協力」を推進させてきましたが、その言葉通りに対国外的な活動が中心となっていました。国内的には、外国人住民の割合が高い地域の自治体が必要に迫られて独自に多文化共生の推進に取り組んでいましたが、その多くは役所が主導したわけではなく、国際交流協会によるものでした。

　2005年に総務省が「多文化共生推進に関する研究会」を設置し、「コミュニケーション支援」、「生活支援」および「多文化共生の地域づくり」の3つの観点から多文化共生の推進に伴う課題や取り組みなどについて検討しはじめました。「多文化共生推進に関する研究会」では、それまでの外国人労働者政策あるいは在留管理の観点からのみ外国人をとらえることの不適当さが指摘され、外国人住民もまた生活者であり、地域住民であることの認識がなされました。そのうえ、外国人住民も地域社会の構成員として共に生きていくことができるようにするための条件整備を国レベルで検討する時期がきたと提言されました。

上記の研究報告に基づき、2006年3月には「地域における多文化共生推進プラン」が策定され、地方公共団体における「多文化共生の推進に係る指針・計画」の策定に資するようになりました。

2008年、日本社会全体でグローバル化を目指して「留学生30万人計画」が実施されました。2010年には在留資格「技能実習」が創設され、これに伴い外国人住民の数は確実に増加しました。その後、デジタル化によって経済のグローバル化がさらに進展し、日本は深刻な少子高齢化社会に突入するなかで、留学生のみならず外国からの移住者の増加が加速しました。2018年末には「外国人材の受入れ・共生のための総合的対応策」が取りまとめられ、以後順次改訂を行い、拡充を図るなど、政府が主体となり、外国人の受け入れと共生社会づくりに本格的に取り組む姿勢が示されました。2019年4月には、少子高齢化による人手不足の打開策として「特定技能」という在留資格が設けられ、外国人の就労が解禁されました。これにより、日本社会は事実上の移民国家へと移行しました。

それを受け、2020年には「地域における多文化共生推進プラン」が改訂されました。図12-1のように改訂版にはSDGs（持続可能な開発目標）の達成に向けた考え方が新たに取り入れられ、従来のコミュニケーション支援と生活支援の拡大と充実が図られました。また、地域住民の多文化共生への意識の啓発・醸成が重視され、外国人住民との連携・協働による地域活性化の推進やグローバル化への対応、留学生の地域における就職促進などの提案が盛り込まれました。

旧プランは地域社会が外国生まれの住民を受け入れ、迅速に日本社会の生活に慣れるための受

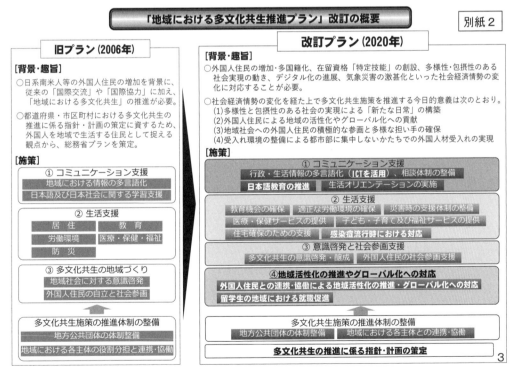

図12-1 「地域における多文化共生推進プラン」改訂の概要
出典：総務省「地域における多文化共生の推進」

け入れ支援プランでした。それに対して、改定プランは多様性、包摂性のある社会への「変革プラン」です。外国人としての視点や多様性が尊重される一方では、一般住民に対して、多文化共生推進や外国人住民との提携・協働が積極的に求められるようになりました。

　出入国在留管理庁によると、2023年12月末の時点で、日本社会において外国人住民の数は340万人余りに達し、過去最多となりました。政府が「地域における多文化共生推進プラン」を策定してからすでに18年が経過しましたが、横田（2022）のように「多文化共生ということばが社会に浸透している一方、その意味を考え、多文化共生の社会を目指し、社会や個人が積極的に活動を行っているかは疑問である」[2]と指摘する学者が多いです。高等教育機関としてその一躍を果たすべきではないでしょうか。

12.1.2　地域における多文化共生の取り組み

　本学の所在地である中津川市は岐阜県の東濃地方に位置しています。戦後、国道19号が整備され、中央自動車道の開通、中核工業団地の整備などにより、東濃東部の工業都市として発展してきました。現在でも電気機械器具、自動車関連などのものづくりが盛んで、岐阜県内でも上位の工業都市となっています。

　下記の表12-1の通り、全国において岐阜県は外国人住民の人数が1990年代から上位を保っています。また、中津川市はその岐阜県において上位であることが分かります。

表12-1　都道府県市区町村別　在留外国人数の推移

順位	1990年		2004年		2023年			
	都道府県	在留外国人	都道府県	在留外国人	都道府県	在留外国人	岐阜県市区町村	在留外国人
1	東京都	213,056	東京都	345,441	東京都	663,362	岐阜市	11,374
2	大阪府	209,587	大阪府	212,590	愛知県	310,845	可児市	9,208
3	兵庫県	90,084	愛知県	179,742	大阪府	301,490	大垣市	6,458
4	愛知県	79,161	神奈川県	147,646	神奈川県	267,523	美濃加茂市	6,188
5	神奈川県	76,676	埼玉県	102,685	埼玉県	234,698	各務原市	3,965
6	京都府	54,288	兵庫県	101,963	千葉県	204,091	関市	2,783
7	埼玉県	37,249	千葉県	95,268	兵庫県	131,756	瑞穂市	2,751
8	千葉県	32,329	静岡県	88,030	静岡県	115,642	多治見市	2,686
9	福岡県	31,551	京都府	55,682	福岡県	99,695	中津川市	2,332
10	静岡県	23,086	茨城県	51,123	茨城県	91,694	土岐市	2,183
11	広島県	21,145	岐阜県	48,009	京都府	75,818	羽島市	1,608
12	山口県	15,384	群馬県	45,375	群馬県	74,154	瑞浪市	1,302
13	岐阜県	13,498	福岡県	45,065	岐阜県	69,477	恵那市	1,204
14	茨城県	12,283	長野県	43,465	三重県	64,420	海津市	1,178
15	三重県	11,944	三重県	41,640	広島県	62,363	高山市	1,065

出典：法務省出入国在留管理庁の「在留外国人統計（旧登録外国人統計）」のデータより筆者作成

そのため、岐阜県は1990年代から日系ブラジル人を中心とした外国人労働者の増加に対応するため、地域社会との共生を目指した独自の施策を展開してきました。2004年には、岐阜県をはじめ日系ブラジル人など外国人が多数居住する7県1市（群馬県、長野県、岐阜県、静岡県、愛知県、三重県、滋賀県、名古屋市）が協力して、多文化共生社会の形成に向けた「多文化共生推進協議会」を設立しました。この協議会は、外国人住民と地域住民が共に暮らしやすい社会を目指して、総合的かつ効果的な取り組みを進めています。政府による「地域における多文化共生推進プラン」の策定より2年も前に作られています。また、「地域における多文化共生推進プラン」が策定された翌年の2007年には、岐阜県は外国人県民の意見を県の施策に反映させるため、外国人県民会議も設置しました。その後、「岐阜県多文化共生推進基本方針」が策定され、いち早く外国人住民を地域社会の一員として認識し、互いの文化や考え方を尊重しながら共生する社会の実現を目指しています。

一方、岐阜県の東濃地方にある中津川市では本格的な外国人住民の増加は2000年代に入ってからです。初期は留学生や研修生など一定の期間しか滞在しない外国人住民が主流でしたが、時間が経つにつれて徐々に定住者が増えてきました。

2020年に中津川市では本学の教員や関係団体の推薦者からなる「多文化共生推進会議」が開催され、市民から募集した意見も反映させながら、2021年には「中津川市多文化共生推進基本方針」が策定されました。その基本方針に基づき、外国人住民の日本語教育や生活支援、防災対策など、具体的な施策を進めています。その後、地域住民と外国人住民が互いに理解し合い、共に暮らすための交流イベントやワークショップを多数開催され、多文化共生に関する活動を推進してきました。本学の学生たちもボランティアとしてその活動に携わっています。

12.1.3 地域社会の多文化共生推進における本学の役割

中津川市が本格的に多文化共生推進を進めようとしたころ、本学は学校法人安達学園から分離し、学校法人中京学院として新たな時代を迎えることとなりました。この際、これまでの歴史と伝統を礎として「生涯にわたり、主体性を持ち、地域社会に貢献できる人財の育成」を法人の使命として掲げました。それをきっかけに、本学では地域づくりにつながる多文化共生教育が検討されました。総務省の施策に基づき、地域社会の多文化共生推進において、本学は下記のような役割を果たすことができると思われます。

①異文化理解の促進と多文化教育の実施：異なる文化背景を持つ学生が共に学び、交流する場を提供します。また、多文化共生に関するカリキュラムやプログラムを導入し、学生に多様な文化や価値観を学ぶ機会を提供します。これにより、学生は異文化に対する理解を深め、共生の意識を育むことができます。

②地域社会との連携：地域社会と連携して多文化共生を推進します。地域の多文化共生活動に学生が参加することで、地域全体の共生意識が高まり、実践的な学びの場が広がります。

③留学生の地域における就職促進：留学生が地域社会に適応しやすくするための支援を行います。地域密着の日本語教育プログラムを提供することで、彼らが地域での就職の可能性を高

ます。

④多文化共生の研究と発展：多文化共生に関する研究を行い、その成果を教育現場に反映させます。これにより、より効果的な教育方法やプログラムが開発され、多文化共生教育の質を向上させていくとともに、学生を介して地域に還元します。

このように、本学は地域社会の多文化共生を推進するための基盤的な役割を担うことができます。教育を通じて、学生たちの多文化共生への意識を啓発し、醸成していくことによって、外国人住民との連携や協働による地域活性化の推進の基盤を提供することにしていきます。

12.2 具体的な取り組み内容

12.2.1 「SDGs」に取り組まれた啓発的な多文化共生推進教育

2024年度からスタートした新カリキュラムでは1年次の学生に向けて「SDGs入門」という科目が設けられました。この講義は「社会活動を行う上で欠かせない視点であるSDGsについて学び、様々な活動を行う際の視点を獲得する」ことを目的とし、4名の教員がオムニバス形式で環境、経済、社会の3つの枠でSDGsを捉えて授業を展開しています。また、担当教員がそれぞれの専門領域からSDGsについての基礎的理論や実践的な事例を紹介し、学際的な知見を加えて提示することで学生たちの学びが深められるようにサポートしています。その第6回〜第9回の4回分は「多文化共生推進とSDGs」という内容の取り組みがなされています。その詳細な内容は表12-2の通りです。

蟹江（2020）によると、SDGsには2つの理念と5つの原則があります。2つの理念とは「だれ一人取り残されない」と「世界を変革する」ことであり、5つの原則は人間、地球、繁栄、平和、パートナーシップを指します。その2つの理念と具体的な目標群を結びつける役割を果たすのがSDGsを貫く5つの原則です[3]。

SDGsとほぼ同時期に推進されてきた日本社会における「多文化共生推進」は「日本社会を変革する」ための存在といっても過言ではありません。SDGsによる世界の変革と日本社会の変革が同時進行されていることは大変興味深いことです。また、SDGsの理念とその原則には多文化

表12-2　「多文化共生推進とSDGs」シラバス

第6回	多文化共生推進とSDGs① 1．現代日本社会における多文化共生推進の現状 2．SDGsと多文化共生推進の関連性	講義＆グループワーク
第7回	多文化共生推進とSDGs② 異文化理解と異文化コミュニケーション	講義
第8回	多文化共生推進とSDGs③ 多文化共生推進への取組事例	グループワーク
第9回	多文化共生推進とSDGs④ 多文化共生推進でSDGsに貢献できる提案	グループワーク

出典：本学のシラバスより筆者作成

共生推進の要素が含まれていると思われます。

このように「多文化共生推進とSDGs」は日本社会の変革を世界的な変革のなかに取り込み、その両方に貢献できる学生たちを育成するものです。

初回の講義で多文化共生の推進に対する意識調査アンケートが行われましたが、受講者68人（内留学生13名）に対し、回答者64人（内留学生13名）という高い回収率でした。図12-2と図12-3はその調査結果です。

図12-2では、多文化共生の推進で「活躍したい」と回答している学生が全体の57.8％（37名）を占め、「興味がない」学生は18.8％（12名）、「どちらでもない」学生は23.4％（15名）でした。

また、図12-3では、「中津川市では多文化共生の推進が行われているかどうかがわからない」学生の割合が57.8％（37名）を占め、「中津川市では多文化共生の推進が行われている」という回答は全体の34.4％（22名）、「中津川市では多文化共生の推進が行われていない」は全体の7.8％

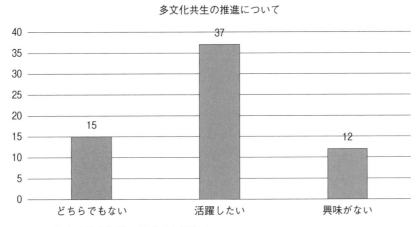

図12-2　多文化共生推進に対する意識調査1
出典：アンケート結果より筆者作成

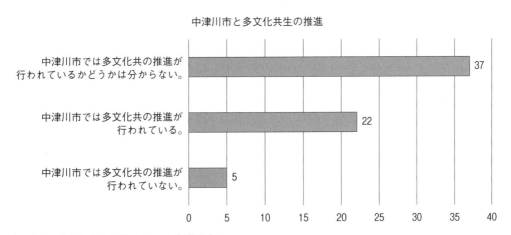

図12-3　多文化共生推進に対する意識調査2
出典：アンケート結果より筆者作成

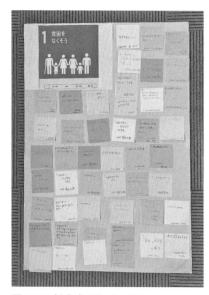 

図12-4　授業成果物の一例
出典：授業成果物を筆者撮影

（5名）でした。

　上記の調査結果から多くの学生が多文化共生に積極的な関心を寄せていますが、中津川市の状況を充分に把握していないことが分かります。また、多文化共生推進に関する教育の必要性を垣間見ることもできます。

　4回分の授業内容は表12-2の通りですが、グループワークを実施する際には受講している13名の留学生がそれぞれ日本人学生と交流し協働できるように配慮しました。最終講義においてはSDGsの17の目標でポスターを作成し、学生たちに多文化共生推進の観点からそれぞれの目標に貢献できるアイデアを考えさせた後、グループでそのアイデアをまとめさせミニプレゼンテーションを行いました。上記の図12-4はグループワークの成果物の一例です。未熟なアイデアが多いものの、学生たちが1年次のうちから多文化共生推進教育をSDGsの学習に取り組んで、SDGsの目標達成に貢献する意識づくりを啓発するきっかけになることは間違いないと思われます。

12.2.2　多文化共生教育の具体例2

　2026年度から開講される「地域イノベーション応用」、2027年度から開講される「地域イノベーションプロジェクト」に地域づくりにつながる多文化共生教育を取り入れる下準備として、2023年度から3年次に開講されている「多文化論」において異文化への理解を深め、多文化共生社会で活躍できる人財の育成を目的とした教育の試みが始められました。表12-3は2024年度のシラバスになります。

　またこの「多文化論」の講義においても、初回では多文化共生の推進に関する意識調査アンケートが行われましたが、図12-2、図12-3とほぼ同様な結果が得られています。

表12-3　2024年度「多文化論」シラバス

授業の目的
1．読解力、表現力および思考力の向上を図り、異文化への理解を深め、多文化共生社会で活躍できる人財の育成 2．ICT社会に適し、それを活用した学び方や働き方などに対応できる人財の育成 3．地域貢献できる人財の育成

授業の概要
近年、少子高齢社会となっている日本には様々な文化背景を持つ外国人がやってきています。そして、定住する人々も年々増えています。日本社会において、カルチャーショックを受ける機会も以前と比べてはるかに多くなりました。学生の皆さんも大都市の中に限られず地元の街のなかであるいは大学のキャンパスのなかですらそれを経験することが少なくないと思います。 　この講義では、まず大学が所在する地域をはじめ、日本社会全体における多文化共生の現状を把握してもらいます。そのうえで、人間が生活を営む原点にさかのぼり、同じ人間なのになぜ考え方や価値観などの違いが生じたのかについて考え、異文化に対する理解を深めたいと思います。また、近現代の文学作品を通じて外国人の目に映っている日本の姿や日本人の目に映っている外国人の姿を捉えたのち、現在のように文化が多様化されていく日本社会において、一個人が果たせる役割について議論し、地域の多文化共生に貢献できることを探ってみたいと思います。

講義計画		
回数	学習内容	授業の運営方法
第1回	1．シラバスに基づき、詳細な授業内容や授業方法、評価基準などについて説明 2．日本社会における多文化共生の現状について概観	講義
第2回	グループに分け、多文化共生社会を目指す先端に立つ市町村の現状を調べ、ミニプレゼンをする	グループワーク
第3回	文化とはなに？　その形成は？	講義
第4回	文化の形成にもたらす影響の根源を探り、異文化に対する理解を深めてもらう	講義
第5回	1．期末プレゼンテーションのテーマの提示および説明 2．グループを結成させ、役割分担を明確にする	グループワーク
第6回	1．周作人の作品を通じて、日中文化の根本的な相違点について探る1 2．グループワークで文化研究	講義＆グループワーク
第7回	1．周作人の作品を通じて、日中文化の根本的な相違点について探る2 2．グループワークで文化研究	講義＆グループワーク
第8回	1．小泉八雲の作品を通じて、西洋人の日本観を探る1 2．グループワークで文化研究	講義＆グループワーク
第9回	1．小泉八雲の作品を通じて、西洋人の日本観を探る2 2．グループワークで文化研究	講義＆グループワーク
第10回	1．芳賀矢一の作品を通じて、近現代における日本人の日本観の原点を探る1 2．グループワークで文化研究	講義＆グループワーク
第11回	1．芳賀矢一の作品を通じて、近現代における日本人の日本観の原点を探る2 2．グループワークで文化研究	講義＆グループワーク
第12回	1．福沢諭吉の作品を通じて、近現代における日本人の東洋観を探る1 2．グループワークで提案を考える	講義＆グループワーク
第13回	1．福沢諭吉の作品を通じて、近現代における日本人の西洋観を探る 2．グループワークで提案を考える	講義＆グループワーク
第14回	グループで資料作成	グループワーク
第15回	グループプレゼンテーション	プレゼンテーション

出典：本学のシラバスより筆者作成

講義内容はシラバスに記載している通りですが、ここでは第5回目から始まるグループワークの詳細について説明します。

第5回目の授業では、まず下記の通りにグループワークの課題を提示しました。

①本学に在籍する留学生の出身国であるネパール、スリランカ、ベトナム、モンゴル、タイ、ペルーの中から一か国を選び、その国の文化について調べてまとめます。

②1の結果を踏まえ、その国出身の外国人住民に対して役所がどのような行政サービスを提供すべきかを検討し3つ以上提案します。

③第15回目の講義において1と2の内容を9分間でグループプレゼンテーションします。

④期末には3の内容を文章化し、レポートとして提出します。

上記の課題内容を把握させたのち、一定の条件を与えて自由に研究グループを結成させ、グループワークのウォーミングアップを行わせてからリーダーとサブリーダーを選出してもらいました。その後、リーダーとサブリーダーを中心に、グループ内での役割分担や今後のスケジュールについて決めさせました。

第6〜13回目の授業では、毎回60分間の講義のあとに30分間のグループワークをする授業運営を行いました。講義の時間では、教員が自らの研究を学生たちに共有することによって、研究においてあるべき姿勢を示し、研究方法や異文化や多文化共生推進に対する新たな視点などを提供します。グループワークの時間では、各自の研究の進行状況や全体的なスケジュールの摺り合わせが主となりました。学生たちが講義で学んだことを活かし、授業外で有意義な研究を行えるように指導しました。また、膨大な情報の中から研究に役立つものを取捨選択する能力を養い、グループワークで質の高い報告ができるようサポートしました。

第14回目の授業では学生たちがルーブリックに従ってグループでプレゼンテーションの資料の作成と修正を行い、第15回目ではグループプレゼンテーションを実施しました。

ここではスリランカとモンゴルを担当するグループのプレゼンテーションを紹介したいと思います。

スリランカグループは、学生たちが文献研究でスリランカの文化を伝統衣装、スポーツ文化、歴史とその影響、宗教の分野に分けてまとめ、中津川市での多文化共生推進の現状を把握した上で、多文化共生推進に対する提案を行いました。そのレポートでは研究を通じて「スリランカの文化は日本の文化とは大きく異なり、スリランカ出身の住民を増やすためにはスリランカの文化を受け入れること、サポートを

図12-5　スリランカグループのプレゼンテーション
出典：筆者撮影

することが必要不可欠だ」と実感したと述べています。図12-5 はスリランカグループのプレゼンテーションの現場写真で、図12-6 はその資料の抜粋です。

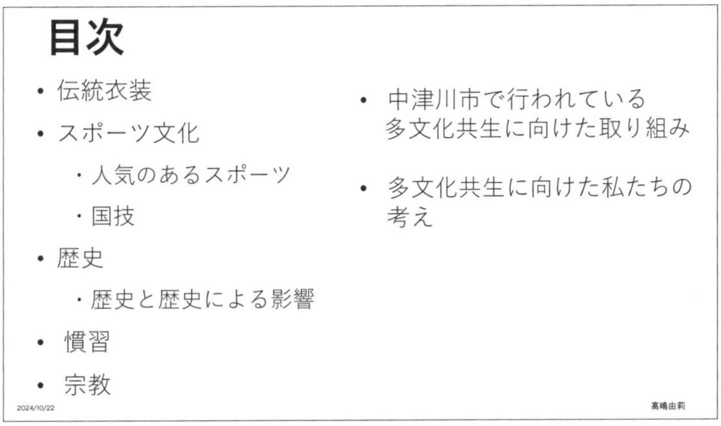

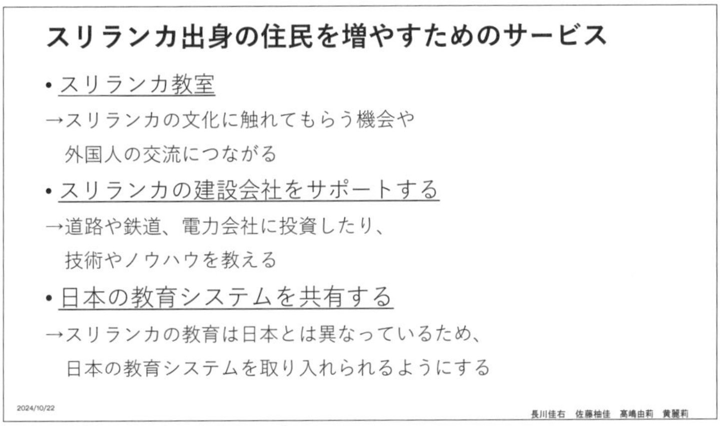

モンゴルグループは、学生たちが文献研究でモンゴルの文化を言語、服装、料理、やスポーツの4つの分野にわけてまとめたのち、中津川市での多文化共生推進に対する提案を行いました。そのプレゼンテーションにおいて、現在モンゴルの言語は二種類の文字で表記されていることや、会話では通じても、筆談では通じないという事実が紹介され、聴衆であるそのほかの学生たちも興味を示しました。また、モンゴルグループの提案において多文化共生推進と空き家問題の解決をつなげたことも興味深いものでした。図12-7 はモンゴルグループのプレゼンテーションの現場写真で、図12-8 はその資料の抜粋になります。

上記の講義内容を改善しながら、2026年度から「地域イノベーション応用」で多文化共生推進に興味を持つ学生に講義を行う予定です。「地域イノベーション応用」はAとBにわけて行うため、行政に対するよりよい提案ができるように、国内における多文化共生推進の事例のみならず、移民先進国における移民政策やその事例研究も導入する予定

図12-6　スリランカグループのプレゼンテーション資料抜粋
出典：学生が提出したプレゼンテーション資料の一部より

図12-7　モンゴルグループのプレゼンテーション
出典：筆者撮影

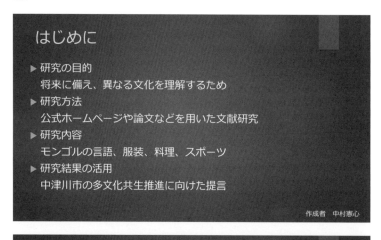

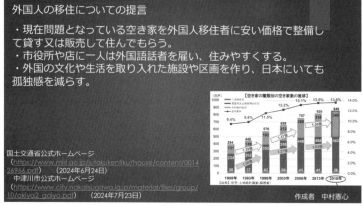

図12-8　モンゴルグループのプレゼンテーション資料抜粋
出典：学生が提出したプレゼンテーション資料の一部より

現在、中津川市の「多文化共生推進会議」では本学の教授が会長を務めいていますが、具体的な行事や政策執行は役所が主として行い、本学の学生はボランティアとして参加しています。2027年度から開講される「地域イノベーションプロジェクト」では中津川市の多文化共生推進に関する行事に学生たちの「地域イノベーション応用」での提案を取り入れられるように行政の協力を得て実行に移し、学生主導の多文化共生推進プロジェクトにしたいと思います。

12.2.3　留学生への多文化共生教育の具体例

2024年に本学は13名の留学生を新入生として迎えました。ネパール人留学生4名に、スリランカ人留学生4名、ベトナム人留学生2名、モンゴル人留学生1名、タイ人留学生1名、中国人留学生1名です。留学生たちは日本語学校で1年以上日本語を学んだ後本学に入学してくるため、名古屋から通学してくる留学生が大半を占めますが、入学後に中津川市に引っ越してきた留学生が5名いました。

学期のはじめに新入生の留学生たちに対して中津川市に対する意識調査を行いましたが、回答率は約92％でした。表12-4は留学生たちが回答した「中津川市に対するイメージ」のまとめです。そのうちの2番と9番の回答はWeb情報を引用しているので、ここでは省略することにしました。なお、文面は筆者が文法を修正したものになっています。

また、図12-9は卒業後の在留意識調査の結果です。残念ながら「はい」と答えた留学生はおらず、約42％の留学生は卒業したら中津川市には留まらないと回答しています。しかし、残りの約58％の留学生はまだ分からないとしていて、中津川市に留まる可能性を示しています。図12-9の中津川市に対する留学生のイメージを合わせてみると、美しい自然に心を打たれながらも、不

表12-4　中津川市に対する留学生のイメージ

	中津川市に　対する　イメージを　書きましょう。 なかつがわしに　たいする　イメージを　かきましょう。
1	思った通りのまちです。
3	中津川市は自然がいいところです。
4	中津川はあまり便利じゃなくてむらみたいです。
5	あまりべんりじゃなくしずかなまちとおもいます。
6	山があるので自然が美しいです。
7	いい景色があり、住み安いところだと思います。
8	なかつがわは、きれいなところです。あさ、やまをみることもできます。
10	中津川は名古屋より静か場所です。中津川に日本にあそびにきているひとびとがおおくみえます。
11	中津川市に対するイメージはいろいろあります。一番は自然が本当によいところです。名古屋から中津川市に来ると、本当に気分がよくなります。今はさくらも咲いていますので、本当に気分がよくなります。山も見えるし、雪もきれい見えますので、本当に気分がよくなります。
12	綺麗です。

出典：アンケート調査結果より筆者作成

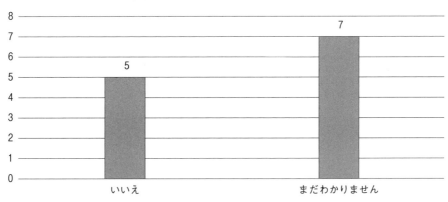

図12-9　中津川市における留学生の在留意識
出典：アンケートの調査結果より筆者作成

便さに不満を募らせていることがわかります。夢を追うために日本に留学をしている彼らにとっては、中津川市は活躍できる場が少ないのは事実です。そこで、卒業後の在留意識を高めるために、日本語の学習とともに中津川市に対する「第二のふるさとに対する愛着」を育てていくことが喫緊の課題であると思われます。

　2024年からの新カリキュラムでは、留学生は日本語コミュニケーションA、B、C、Dの4科目を習得することが必須となっています。講義用テキストは中津川市役所が公式ホームページで公開している資料をもとに、留学生が学びやすくやさしい日本語に修正したものにしました。また、学習内容にあわせ市内でのフィールドワークを適宜行い、資料での学びに加えて実地での体験を照らし合わせてより中津川市の現状を理解してもらえるように配慮しました。表12-5 はそ

表12-5　令和6年度　日本語コミュニケーションA学習支援計画書（シラバス）

授業の目的		
1．大学で学ぶために必要な日本語力を身につける。 2．地域の多文化共生推進に貢献できる力を養う。		
授業の概要		
この授業は地域社会を紹介する資料をテキストとし、語彙力を高め、日本語能力試験のN2レベルに相当する文法を適切に運用できるように指導します。また、学期中に三回ほどキャンパス所在地のまちでフィールドワークを実施します。資料購読と現地調査を照らし合わせてより地域の現状を理解してもらいます。そのうえで、フィールドワークの報告書を執筆できるアカデミックな日本語力を身につけられるように指導する予定です。このように授業内学習とフィールドワークを通じて、日本語力のみならずコミュニケーション力、問題発見力、実践力を高め、高学年で養う課題解決力、地域社会に貢献する力、専門的知識・技術力の土台作りをします。		
講義計画		
回数	学習内容	運営方法
第1回	1．科目ガイダンス 2．資料「中津川市の姿」で漢字を学ぶ	演習
第2回	資料「中津川市の姿」で文法を学ぶ①	演習
第3回	資料「中津川市の姿」で文法を学ぶ②	演習
第4回	フィールドワーク	フィールドワーク
第5回	資料「中津川市を取り巻く現状と課題」で漢字を学ぶ	演習
第6回	資料「中津川市を取り巻く現状と課題」で文法を学ぶ①	演習
第7回	資料「中津川市を取り巻く現状と課題」で文法を学ぶ②	演習
第8回	フィールドワーク	フィールドワーク
第9回	資料「めざすまちの姿」で漢字を学ぶ①	演習
第10回	資料「めざすまちの姿」で漢字を学ぶ②	演習
第11回	資料「めざすまちの姿」で文法を学ぶ①	演習
第12回	資料「めざすまちの姿」で文法を学ぶ②	演習
第13回	資料「めざすまちの姿」で文法を学ぶ③	演習
第14回	フィールドワーク	フィールドワーク
第15回	まとめ	演習

出典：本学のシラバスより筆者作成

の1科目（日本語コミュニケーションA）の詳細であり、図12-10はフィールドワーク中に撮影したものです。

　留学生たちが中津川市を紹介する資料で日本語を学ぶことによって、地名や観光名所、特産品などの単語を覚え、それを紹介する日本語の表現法を身につけながら、中津川市の歴史や文化、産業などの知識に触れることができます。また、市内でのフィールドワークを通じて、中津川市の現状と課題に対する理解も深めることになります。

　執筆する時点では、「日本語コミュニケーションA」のみ開講しましたが、「日本語コミュニケーションB」では中津川市の多文化共生推進の取り組みを紹介する資料で日本語を学ぶ予定になっています。また、2025年度に開講される予定の「日本語コミュニケーションC、D」において

図12-10　中津川市内でフィールドワーク中の留学生たち
出典：筆者撮影

は、日本の教育システムを紹介する資料で学び、大学所在地にある小中高学校でのフィールドワークを検討しています。このような地域に密着した日本語学習を通じて、中津川市の歴史や現状を深く理解し、留学生として地域の未来づくりに貢献するための道を探究していきます。

12.3　まとめ

　上記で述べてきたように、本学では政府が推奨する多文化共生推進プランに沿って、中津川市の状況を組み込んだ地域づくりにつながる多文化共生推進教育の試みが始まっています。そして、本学は中津川市が多様性、包摂性のある地域に発展するための人財の育成を目指しています。

　1年次には多文化共生推進に対する啓発的な教育を行い、3年次には多文化共生推進に興味を持つ学生に対して、異文化・異文化コミュニケーションや移民制度の事例研究などを踏まえて地域における多文化共生推進に関する提案の指導を行い、4年次には行政の協力を得ながら学生がその提案を実行に移すサポートをしていく予定です。これらの学びを通して外国人住民の視点や

多様性を理解し、かつ尊重することができ、積極的に外国人住民との提携・協働を行う地域住民に育てていきます。

注
1) 多文化共生の推進に関する研究会 (2006)「多文化共生の推進に関する研究会報告書 〜地域における多文化共生の推進に向けて〜」総務省, p. 5.
2) 横田隆志 (2022)「多文化共生社会における日本語教育とその役割」『日本大学大学院総合社会情報研究科紀要』Vol. 23 No. 2, p. 107.
3) 蟹江憲史 (2020)『SDGs(継続可能な開発目標)』中公新書, pp. 4-5.

参考文献
蟹江憲史 (2020)『SDGs(継続可能な開発目標)』中公新書
岐阜県公式ホームページ「外国人活躍・多文化共生」, https://www.pref.gifu.lg.jp/page/4497.html(2024年7月30日アクセス)
近藤敦 (2019)『多文化共生と人権諸外国の「移民」と日本の「外国人」』明石書店
総務省「多文化共生の推進」, https://www.soumu.go.jp/menu_seisaku/chiho/02gyosei05_03000060.html(2024年7月30日アクセス)
総務省 (2006)「多文化共生の推進に関する研究会報告書 〜地域における多文化共生の推進に向けて〜」, https://www.soumu.go.jp/kokusai/pdf/sonota_b5.pdf(2024年7月30日アクセス)
総務省 (2020)「多文化共生の推進に関する研究会報告書 〜地域における多文化共生の更なる推進に向けて〜」, https://www.soumu.go.jp/main_content/000706219.pdf(2024年7月30日アクセス)
中津川市公式ホームページ「多文化共生推進基本方針」, https://www.city.nakatsugawa.lg.jp/soshikikarasagasu/shiminkyodoka/1/mc/4955.html(2024年7月30日アクセス)
法務省出入国在留管理庁「在留外国人統計(旧登録外国人統計)」, https://www.moj.go.jp/isa/policies/statistics/toukei_ichiran_touroku.html(2024年10月4日アクセス)
松尾慎他 (2018)『多文化共生人が変わる、社会を変える』凡人社
横田隆志 (2022)「多文化共生社会における日本語教育とその役割」『日本大学大学院総合社会情報研究科紀要』Vol. 23 No. 2, pp. 107-118.

特別対談

はじめに

　中京学院大学（以下、本学）のキャンパスが位置する瑞浪市と中津川市とは包括連携協定を結んでおり、両市長は学校法人中京学院の評議員でもあります。このような背景から本学が東濃地域に存在する意義や本学経営学部の新プログラムに対する期待等を両市長に伺うための特別対談を本法人理事長と実施しました。対談は2024年5月30日に本学瑞浪キャンパスで行われ、本学学長が対談のモデレーターを務めました。以下はその際の内容です。

中京学院大学が東濃地域に存在する意義は何か

学長…………
　はじめに、この東濃地域に大学が存在する意義ということで、本学の歴史、またミッション、ビジョンを踏まえながら、理事長からご意見を頂戴したいと思います。

理事長…………
　本学は安達学園から発足し、50年以上、保育士、栄養士を多数輩出しています。1993年には東濃地域から要請、ご支援を受け、東濃地域初の4年生大学である経営学部ができました。その後、地域の医療関係者から看護師不足を補ってほしいということで2009年に看護学部が設置され、以来看護師をこの地域に輩出し続けています。

　2019年に法人分離をし、学校法人中京学院が設立されました。その際に改めて本学の存在意義やミッション、ビジョンを検討する必要がありました。東濃地域から要請を受け、期待を受けた学部でもありますので、この地域と共に生きる大学でなくてはなりません。また高等教育機関ですので、有為な人財をこの東濃地域に輩出し続けることが私たちの責務だと考えています。東濃地域における知の拠点としてさまざまな最新の知見を医療機関であったり、保育機関であったりと広めていきたいと思っております。ミッションは「生涯にわたり、主体性を持ち、地域社会に貢献できる人財の育成」ですので、ここに集う学生たちに地域愛をもってもらい有為な人財になれるように教育活動を展開しています。

　一方で、ここ最近の少子化の加速は学生募集にあたって多大なる影響を及ぼしています。もはや自助努力ではなかなか厳しい時代です。改めて民間企業の力、行政の力、教育機関の力を結集することで包括協定を一歩、二歩進んだ意味のある形で推進し、若者をこの地域に滞留させていかなければなりません。これは本学だけでできるものではありません。行政ともタイアップをしていかなければ地域の発展、そして大学の発展もないのではないでしょうか。地域の発展と大学

の発展はイコールに近しいものと思っておりますので地域との連携をこれからも進めて参ります。

学長……

理事長から地域と共に生きる大学、地域に貢献する大学、地域愛をもった人財を育て地域に滞留させる必要性についてのお話がありました。

瑞浪市長からこの地域に本学が存在する意義についてご意見を頂戴したいと思います。

瑞浪市長……

市政運営は市だけで担える時代はもう数年前からなくなってきています。私が市長になった時からのテーマとして、これからは市民や市内の企業さんとの協働による市政運営ということで、市が担えないところを貴学にもご協力いただき市政運営を補っていただきたいと考えています。

そのために「まちづくり推進協議会」を市内8地域に立ち上げて、予算的な支援に加え、辞令を出して、それぞれの地域の支援員として地域の活動に対して職員も一緒になって企画運営の段階から参画する取り組みを始めました。それを制度的に位置づけるために「まちづくり基本条例」を制定し、行政と皆さんとの協働によるまちづくりを始めました。その中に当然、貴学も位置付けさせていただいておりますので、貴学の存在は本当にかけがいのない市の宝として認識しております。また先生方も立派な方、そして意欲のある学生さんもお見えですので、先生方の知恵や学生さんたちのパワーをいただき、まちづくりに協力していただきたいと思います。またそのような大学であってほしいと願っています。

学長……

市だけではもはや市政運営ができなくなっており、その意味において本学は市の宝であり、かけがえのない存在というお言葉をいただきました。続いて中津川市長、お願いいたします。

中津川市長……

どの地方も少子化が進んでいる中で、中津川市も瑞浪市さんも東濃全体もそうだと思いますが、学生さんがいるということ、それだけで活力になっていると思います。その意味では地域経済の活性化には、中京学院大学の学生の皆さんはなくてはならない存在になっています。地域での消費活動や、アルバイトや就職といった雇用の面も含め地域に貢献していただいており、まちの活性化にもつながっています。

域学連携や産学官の連携といった取り組みも貴学にはしていただいています。その連携が機能することで地域の活性化にもつながりますし、貴学が地域の課題解決の取り組みにも貢献していただいていますので、ありがたく思っております。

若い方が多くいるとまちが明るくなります。そういった意味ではスポーツをやっている学生さんや外国人の学生さんもさまざまな形で地域に貢献していただき、ありがたいです。

学長……

少子化が問題となっており、その中で本学の学生がさまざまな形で地域の活動に参加することで地域に活力が生まれる、そして市が明るくなる、ということが両市長のお話しから理解できました。

経営学部では、今年から教育プログラムを刷新し、学内外のフィールドを使って地域と協働し

ながら学生を育てています。ここからは経営学部に絞って頂き、どのような学びの実現を期待しているのかについてご意見を頂戴したいと思います。瑞浪市長、よろしくお願いいたします。

中京学院大学経営学部の地域の学びに期待することは何か

瑞浪市長‥‥‥‥

　キャンパスだけで勉強するのではなく、行政、地域の皆さんと連携して、地域全体をキャンパスとして人間性を高めること、そしてキャンパスの中では勉強できないことを地域にお越しいただき、地域の皆さんと一緒に勉強していただくことが重要です。学問を身に付けることも大切ですが、地域の課題を地域の方と考え、そして解決手法を立案し、提案すると共に、自らその事業に参加して効果があったのか、なかったのかについても体験していただくことが社会人になってから役立ちます。ぜひキャンパス内だけでなく、地域にもっと出ていただき、地域の方と触れ合っていただきたいです。

　学生さんならではの柔軟な発想力、企画力、行動力を発揮し、地域を引っ張っていただくことが重要です。地域の中ではさまざまなことが学べます。地域ではさまざまな意見があります。その意見をどのようにまとめていくかは学生さんにとってより良い学びになると思います。そこまで地域の学びに深く関わっていただけるとうれしいです。

学長‥‥‥‥

　地域の実課題に自分たちでぶつかり、企画立案し、改善する。そして最後まで自分たちでやり通す力をつけてもらいたいということですね。続いて中津川市長、いかがでしょうか。

中津川市長‥‥‥‥

　期待することは、若者の柔軟な発想ですね。柔軟な発想から生まれる新たなイノベーションは地元の企業さんも、地域の皆さんも期待している部分があります。今の学生さんたちは子どもの頃からデジタル社会の中で生まれ育ってきています。大人の発想と今の学生さんが持っている発想は全く違うと思います。だからこそ、これからの未来に向けて何かを取り組んでいく時は、今の学生さんたちの発想力はとても重要になってくると思います。

　当然地元には中学校、高校がありますが、最高学府の大学生として、そこを引っ張っていただければありがたいです。地域社会への貢献としてSDGsや脱炭素社会にも取り組んでいく必要性がある中で学生さんに期待する地域や企業は多いのではなかと思います。

　若者の発想力を発揮してほしいと思います。そういったところから新たに会社を興す、アントレプレナーシップが学生さんたちに生まれてくるのではないでしょうか。地域で起業していていただき、そこから雇用を生んでいただく、そういった先のことも貴学には期待しています。またそのような環境に中津川市があるのは非常にありがたいです。

学長‥‥‥‥

　若い学生の柔軟な発想力をイノベーションに使い、まちを変えてく、あるいは地域を変えていく。またその力を通して小中高生に対してリーダシップが取れる大学生であってほしい、といっ

た思いが伝わってきました。

　経営学部のプログラムは4月から始まっています。具体的な内容について理事長より説明していただきます。

経営学部の新カリキュラムについて

理事長………

　既存の企業は向こう10年20年で大きく変わっていくと思います。このままの形で残っていく企業は多くはないでしょう。まちを変えていくのは、よそ者、若者、馬鹿者と表現する方はいますけども、よそから来たからこそ地域の良さを感じる、若いからこそ柔軟な発想ができます。年齢を重ねると安定志向になりますが、若さは挑戦力に等しいと思います。

　新プログラムのコンセプトの1つは「まずやってみる」です。勉強から入っていくと全部囲まれてしまって動けなくなってしまいます。まずは1年生のプログラムではPBLに取り組む。そこですぐに成果を出すことは難しいと思いますが、何がその原因かを探究し、2年生の学びにつなげ、もう一度チャレンジしていく精神を育成します。地域の課題を解決し、最終的には地域にイノベーションを起こさなければ、地域の活性化はまずないと思っています。そのような背景からこの新プログラムを始めました。

　経営学部にはSwing（Sports Well-being）プログラムと地域イノベーションの2つの新しい学びがあります。地域イノベーションプログラムは安定志向に走るとこのリソースはこのようにしか使えないという発想になりますが、若者の柔軟な発想で地域にあるさまざまなリソースを活用し、新たな価値を創造していく学びです。さまざまなことを掛け合わせることで新しいものが創造されていく過程をプログラムの中で実践していきます。

　その1つが成長産業であるドローンを使った学びです。ドローンと既存のビジネスを組み合わせることで新たな価値が見出せるのではないかと考えています。そこで、ドローンの学びを1年次から取り入れており、最終的には国家資格の一等無人航空機操縦士の取得を視野に入れています。その資格を持っていればさまざまな事業に従事できるでしょう。全員がその資格を取得することは難しいですが、二等無人航空機操縦士までは取得させ、地域に新たなイノベーションを起こしていく人財を目指しています。

　地域に出向き、地域のさまざまな課題を解決していきますが、学生の知識だけでその学びを実践するのは困難です。そこには民間企業の知恵や技術を借りながら学びを展開することも求められます。民間企業と本学が課題解決に資する形でコラボレーションをすることができれば、地域愛や卒業後も滞留してくれるきっかけになると思います。

　もう1つはSwingプログラムです。スポーツを軸にして最終的にはスポーツツーリズムも追及していきます。スポーツを通して地域の賑わいを創出できないかという思いがあり、このプログラムを考案しました。例えば「中津川リレーマラソン大会」のように、他地域から参加者が来て大会に参加し、その前後に観光をしています。本学もこのような大会等のプロモーションや企

画にこれまで以上に携わることで、学生の学びと地域の活性化に貢献できるのではと考えています。また本学の資源であるドローンを活用できれば、魅力的な映像を撮ることができます。それを対外的に発信し、PRにつなげていければ一時的かもしれませんが、この地域にさらに人が来るという仕組みができるかもしれません。

　日本全国から見ても本学は小さな大学です。このような中でも9クラブある全ての運動部がインカレに出場し、全国制覇もしています。スポーツを土台にしながらスポーツ指導者として地域に還元できないか、ということでスポーツ指導者の資格が取れる仕組みも作りました。

　この新たな2つのプログラムは本学と地域との共存を試みたプログラムです。地域の民間企業や行政と連携を図り、足りない知恵をお借りし、アドバイスをいただきながら、さらにプログラムをブラッシュアップしていくことが今後も必要だと感じています。

学長………

　まずとにかくやってみよう、頭で考えるのではなく、行動してみよう、というコンセプトを重視した学びが新プログラムの特徴です。地域課題と学びがうまく結びつかないとプログラムが機能しない可能性があります。その意味でも両市が抱える課題を本学が適切に把握し、実のある域学連携を展開する必要があります。そこで、市がどのような課題を抱えていて、もし大学と連携するのであれば何を行いたいのかについて、お話しいただければと思います。瑞浪市長、よろしくお願いいたします。

市が抱える課題と大学との連携

瑞浪市長………

　課題は幅広いです。若者が流出してしまい若者が少なくなっています。その結果、イベントや昔からあるお祭りを担う人財がいなくなってきています。やはり貴学がこの瑞浪にあり、若い大学生たちがこの地域で勉強していただけること、そして毎年新入生が入学していただけること、すなわち18歳から22歳の一定の層が瑞浪に来続けることは瑞浪市としてありがたいです。若い人たちを補っていきたい、そのような連携をしていきたいです。私たちもそのような連携をサポートさせていただきます。貴学との域学連携は現在も進んでおりますので、ありがたいと思っています。

学長………

　ありがとうございます。人がいなくなればまちづくりも何もできなくなってしまいますので、人財の流出を止める、若者の滞留を試みる、そして卒業後も残ってもらえることが重要ですね。中津川市長、いかがでしょうか。

中津川市長………

　課題は山積みです。さまざまな分野で関わっていただきたいです。ただ、中でも一番の課題は人口減少とそれに伴う若者の定住です。例えば、中京学院大学の学生さんと一緒に魅力的なまちづくりのプロジェクトを立ち上げ、若者の皆さんが魅力を感じるようなまちづくりを考えるのは

どうでしょうか。我々世代が考えていくよりも、若者なりのこんなまちなら住んでみたい、を探求していくのも面白いと思います。

　もう1つは観光だと思っています。遅れてはいますがリニア開業を踏まえて、交流人口を増やしていきたいです。観光をいかに盛り上げていくかということが重要な課題だと思っています。どのようなことを実践すれば全国から、世界から人が来るのか、ということを一緒になって考えてほしいです。中津川市も瑞浪市さんも同じだと思うのですが、都会的なものを望むのではなく、今ある自然豊かな観光資源をいかに活かしていくのかが重要です。どうしたら観光客が来るのかを学生さんなりの発想に基づき、行政も一緒になって取り組んでいけると面白いものが出来るのではと思っております。

学長..........

　ありがとうございます。両市に特に共通しているのは人口減少や若者の流出といった課題です。このような課題について共に考えていける学生、大学を望んでいるのがお話しから伝わってきました。

　もう1つお聞きしたいのが、学生に身に付けてほしい力について、実際これからの世の中で行に出ていく中で、デジタル世代の今の18歳から22歳の若者たちにどのような力を付けて大学を卒業していってほしいのか、またどのような力を育成する大学であってほしいのかについて教えてください。

中京学院大学経営学部が輩出する人財に期待することは何か

瑞浪市長..........

　これからはただ大学を出て卒業証をもらえれば就職できるという時代ではなくなっています。私が今力を入れているのはクリエイティブな魅力のある人財の育成です。実際瑞浪市はそのような人財を受け入れています。クリエイティブな人財を誘致する資源が数多くあります。例えば、瑞浪市にある古民家を活用してもらい、そこでのクリエイティブな事業から価値を生み出し、その価値を商品化し、システム化してもらいたいです。

　今では瑞浪市にいても世界を相手に仕事、営業ができる時代です。この瑞浪で大きな事業をしていただきたい、そんな人財を誘致したいと考えています。貴学のドローン教育など、将来役に立つことを身に付けてもらいたいです。単位を取ることも大切ですけども資格も取得する、技術も習得する、そして就職していくことがその人の人生にとっても素晴らしいことかなと思います。

　最近は大学を卒業しても会社等に就職せず、起業する若い人たちが多いと聞いています。自分の思いでクリエイティブな価値観を生み出して、会社を立ち上げる。そのような意欲が高い学生さんが多い時代です。ぜひ、そのような学生さんをバックアップできる大学であってほしいです。瑞浪市は自分で起業しようと思う意欲のある方に対して（「瑞浪市新たな事業チャレンジ支援補助金」という）補助金を出す取り組みをしています。

学長........

　瑞浪市では補助金を活用しクリエイティブな人財を積極的に呼び込んでいること、本学に期待することとして専門的な知識、技術をしっかりと教育するだけではなく、最終的にはクリエイティブな人財を輩出する大学であってほしいというご要望を受け賜わりました。ありがとうございました。中津川市長はいかがでしょうか。

中津川市長........

　まずやってみることで、今回 Swing プログラム、地域イノベーションプログラムを考えたことは大変重要なことだと思います。まず一歩踏み出す、アクションを起こす。学生の皆さんにはそういった力を付けていただきたいです。なかなか一歩踏み出せない場面もあると思いますが、若さは大きな力ですので、まずはやってみる、といったチャレンジ精神や行動力を身に付けてもらいたいです。

　それと人脈です。人脈は地域の人や学校外の人、先生だけでなく同じ学生の仲間でも良いと思います。学生の時に同じことをやってきた仲間は卒業して大人になってもその繋がりはなくならないのではないでしょうか。それはいずれ大きな力になり、支えてもらえる存在になるでしょう。学生時代から人脈を作ることができれば社会に出てから役立つはずです。4年間経営学部で共にする仲間や周りの人を大切にしてもらいたいです。

学長........

　まずやってみる、一歩踏み出す勇気、チャレンジ精神、行動力をもってほしい、さまざまな人脈を作る、といった学生時代を過ごすことが将来の人脈作りにもつながり、また社会に出た時に役立つというお話しでした。ありがとうございました。

　両市長から本学の学生に対する熱い思いを伺ったところで、最後に理事長からお二人の期待を受けて本学の未来についてまとめていただけたらと思います。

中京学院大学経営学部の展望

理事長........

　共通の課題として若者の減少が挙げられます。この課題はまちにとっても、大学にとっても、民間企業にとってもマイナスになっています。我々でいえば、この地域に遠くから来たとしても、この地域に根付こうとする学生をいかに育てるのかが大切です。本学は新プログラムの中で挑戦し続ける学生を育てていきます。そのためにも民間企業や行政は本学の試みや若者の挑戦をぜひ積極的に受け入れていただきたいです。

　まちとして若者の挑戦を受け入れていただき、行政としてはそのような学生のチャレンジを支援し続けていただける体制が必要です。それが機能していかなければアントレプレナーのような人財の育成は難しいと考えられます。

　また人口をこれから増やすためにIターンやUターンだけではなく、賃金格差をどう補っていくのかについても行政に対応していただきたいです。挑戦することが賞賛されるまちに行政、大

学、民間企業が一緒になって考えていくことが教育プログラムを生きて実のあるものにします。そうなれば本学教員だけではなく、さまざまなことを学生に教えたいという実務家が増え、プログラムが広がっていくと思います。そのような相乗効果を生み出していければと考えています。始まったばかりのプログラムですが、そこを目指して頑張っています。

　本学の課題としては地元の学生がなかなか本学に入学してくれません。地元の学生にどのように魅力を伝え、広げ、地元から集まってもらえるかが課題です。学生が地元に残ってもらえることは行政にとっても望ましいことですので、そこに向けてお互い協力し合いながら対応できればと思っています。

学長……………

　どうもありがとうございました。以上で理事長との対談を終わりたいと思います。

対談時の撮影（左から林勇人学長、安達幸成理事長、水野光二瑞浪市長、小栗仁志中津川市長）

あとがき

　本書を最後までお読みいただき、誠にありがとうございます。少子化の問題は地方の高等教育機関にとって死活問題の一つでもあります。しかしながら、地方から教育機関が姿を消してしまえば若者の流出はさらに加速し、まちの存続にまで影響を与えかねません。

　本学では、「地域における知の拠点の実現」（「東濃まるごとキャンパス」の実現）をビジョンに掲げ、地域の高等学校、行政、民間企業と力を合わせ、地域全体で若者を循環させていく仕組みを構築するハブの役割を担っています。そのためにも、若者にとって魅力のある学部改革を推し進めていく必要があり、常にブラッシュアップしていかなければなりません。本書で紹介した教学中期計画並びに経営学部の新しい取り組みは改革の序章に過ぎず、今後も時代の変化に俊敏に対応し続けていくことが求められます。

　現代は物事の不確実性が高く、将来の予想が困難な VUCA の時代といわれています。このような時代において、今まで当たり前のようにあったビジネスは大きく様変わりしていくことは想像に容易いことです。そのような時代を生き抜く若者に必要な力は情報収集力、問題解決力、意思決定力、臨機応変な対応力といわれています。経営学部の新しい学びでは、キャンパスに留まらず、積極的に地域の課題と関わり、課題解決型学習を基軸に置きつつ、「まずはやってみる」ことで学生個々に不足している力を補完していきたいと考えています。

　また、学生には「若者」という最大のメリットを活かし、柔軟な発想で既存のビジネスにイノベーションを巻き起こしていく、アントレプレナーシップを身に付けて欲しいと願っています。ドローン教育もその一助になるとの想いからこのプログラムに取り込みました。空のビジネスにはまだまだチャンスがあります。ドローン技術と既存のビジネスを掛け合わせることで新たなビジネスモデルが生まれてきます。

　この学びの中で、現代に必要な力を身に付け、新たな技術を使ってイノベーションを起こす場を進んで作れる人財を輩出していくことが本学の使命であり、ビジョン「地域における知の拠点の実現」（「東濃まるごとキャンパス」の実現）、さらには地方創生の大きな原動力になると信じています。そのためにも、大学が核となり地域全体を巻き込んでいく必要性があります。これこそが地域における大学の役割であることを信じ、更なる改革を推し進めて参ります。読者の皆様にもこのような小規模私立大学の挑戦を理解していただき、本学に期待することをお伝えいただけたら大変嬉しく思います。

　最後になりましたが、本書を執筆するにあたって対談でご協力いただいた瑞浪・中津川両市長をはじめ、コラム寄稿にてご協力いただきました多くの皆様に心からの感謝を申し上げます。

学校法人中京学院　理事長　安達幸成

執筆者紹介（章順）

林　勇人（はやし・はやと）　第1章の執筆を担当。
　中京学院大学 経営学部 教授、学長
　学歴：中京大学 文学部卒業：国文学士
　職歴：私立高校校長、中京学院大学副学長を経て現職
　専門分野：学校経営論
　主な著書・論文等：単著「高等学校における「総合的な学習の時間」の実践を通じた考察－教育課程・教科課程の再編成を視野に入れて－」中京学院大学短期大学部『中京学院大学短期大学部研究紀要』第48巻第1号, pp. 35-47, 2017年.

簗瀬洋一郎（やなせ・よういちろう）　第2章の執筆を担当。
　中京学院大学 経営学部 教授、学部長
　学歴：名古屋大学大学院 経済学研究科 博士課程前期課程修了：修士（経済学）
　職歴：中京学院大学助手、講師、准教授を経て現職
　専門分野：人的資源管理、学習科学
　主な著書・論文等：「『居場所』概念の援用による組織社会化の拡張」名古屋大学大学院 経済学研究科 博士課程前期課程 修士論文

大塚健司（おおつか・けんじ）　第3章の執筆を担当。
　中京学院大学 経営学部 非常勤講師
　学歴：新潟大学 工学部卒業：工学士
　職歴：中津川市職員、中京学院大学特任講師を経て現職
　専門分野：地域活性化、地域経営、地域貢献
　主な著書・論文等：中津川市制70周年記念ビデオ「『ストレスマネジメント』のできるまち中津川市」（令和4年度）

熊本　淳（くまもと・じゅん）　第3章、第5章の執筆を担当。
　中京学院大学 経営学部 専任講師
　学歴：東北大学大学院 理学研究科 天文学専攻博士課程後期3年の課程修了：博士（理学）
　職歴：東京大学特任研究員を経て現職
　専門分野：シミュレーション天文学
　主な著書・論文等：共著 "Gravitational-wave emission from binary black holes formed in open clusters", Monthly Notices of the Royal Astronomical Society, Oxford University Press, Volume 486, Issue 3, pp. 3942-3950, July 2019

宮嶋恒二（みやじま・こうじ）　第4章、第6章の執筆を担当。
　中京学院大学 経営学部 専任講師
　学歴：同志社大学大学院 総合政策科学研究科 総合政策科学専攻博士課程修了：博士（政策科学）
　職歴：私立大学職員、愛知淑徳大学キャリアセンター助教を経て現職

専門分野：非営利組織論、高等教育論
主な著書・論文等：共著『これからの大学経営』晃洋書房，2018年．

横谷　淳（よこたに・じゅん）　第6章、第7章の執筆を担当。
中京学院大学 経営学部 専任講師
学歴：中京大学 体育学部卒業：学士（体育学）
職歴：岐阜県公立中学校教諭を経て現職
専門分野：体育学
主な著書・論文等：初心者からの「戦型別」卓球コーチング（DVD）

大須賀元彦（おおすか・もとひこ）　第8章の執筆を担当。
中京学院大学 経営学部 准教授
学歴：愛知学院大学大学院 総合政策研究科 総合政策専攻博士後期課程単位取得満期退学：修士（総合政策）
職歴：愛知学院大学非常勤講師等を経て現職
専門分野：教学IR、地域研究
主な著書・論文等：共著「小規模私立大学の教学IR組織における人材育成に求められる視点」日本ビジネス実務学会『ビジネス実務論集』第42号，pp. 35-40, 2024年.

祝田　学（ほうだ・まなぶ）　第9章の執筆を担当。
中京学院大学 経営学部 准教授
学歴：愛知学院大学大学院 経営学研究科 経営学専攻博士課程後期単位取得後退学：修士（商学）
職歴：岡崎女子短期大学講師、准教授を経て現職
専門分野：経営史
主な著書・論文等：単著「歴史にみるビジネス・リーダーの条件―郡是・波多野鶴吉―」愛知学院大学大学院経営学研究科『愛知学院大学 大学院経営学研究科ワーキング・ペーパー』第1号，pp. 1-44, 1996年.

須栗　大（すぐり・まさる）　第10章の執筆を担当。
中京学院大学 経営学部 教授
学歴：専修大学大学院 経営学研究科 博士課程後期単位取得後退学：修士（経営学）
職歴：中京学院大学講師、准教授を経て現職
専門分野：経営戦略論、地域研究
主な著書・論文等：共著『入門　グローバルビジネス』学文社，2006年．

林　雪華（りん・せっか）　第11章の執筆を担当。
中京学院大学 経営学部 教授
学歴：亜細亜大学大学院 経営学研究科博士課程修了：博士（経営学）
職歴：亜細亜大学非常勤講師、社団法人渋谷法人会簿記講習会講師を経て現職
専門分野：会計学
主な著書・論文等：単著「キャッシュ・フロー分析―連結キャッシュ・フロー計算書を用いて―」

中京学院大学経営学会『中京学院大学　研究紀要』第18巻第2号, pp. 33-43, 2011年.

李　　瑾（り・きん）　第12章の執筆を担当。
中京学院大学 経営学部 准教授
学歴：名古屋大学大学院 国際言語文化研究科 国際多元文化専攻博士後期課程単位取得満期退学：修士（文学）
職歴：中京学院大学助手、講師を経て現職
専門分野：中国近現代文学
主な著書・論文等：単著「周作人と日本の「人情」－『古事記』を中心に－」早稲田商學同攻會『文化論集』第55号,「周作人国際学術シンポジウム特集号」pp. 379-403, 2019年.

| 地方小規模私立大学の挑戦 |
| ―地域社会と協働する教育― |

2025年3月15日　初版第1刷発行

編著者　林　　勇　人
発行者　風　間　敬　子
発行所　株式会社　風　間　書　房
〒101-0051　東京都千代田区神田神保町1-34
電話 03(3291)5729　FAX 03(3291)5729
振替 00110-5-1853

印刷　太平印刷社　製本　井上製本所

©2025　Hayato Hayashi　　　　　　　　　　　NDC分類：370
ISBN978-4-7599-2529-6　　Printed in Japan

JCOPY〈出版者著作権管理機構 委託出版物〉

本書の無断複製は、著作権法上での例外を除き禁じられています。複製される場合はそのつど事前に（社）出版者著作権管理機構（電話 03-5244-5088、FAX 03-5244-5089、e-mail: info@jcopy.or.jp）の許諾を得て下さい。